U0109768

民國歷史與文化研究

七 編

第 **5** 冊

杜亞泉與中國近代科學教育（下）

閻乃勝 著

花木蘭文化事業有限公司

國家圖書館出版品預行編目資料

杜亞泉與中國近代科學教育（下）／閻乃勝 著 — 初版 — 新
北市：花木蘭文化事業有限公司，2018〔民107〕
目 2+146 面；19×26 公分
（民國歷史與文化研究 七編；第 5 冊）
ISBN 978-986-485-258-1（精裝）
1. 杜亞泉 2. 教育哲學 3. 科學教育 4. 中國
628.08 107001277

ISBN-978-986-485-258-1

9 789864 852581

民國歷史與文化研究
七 編 第 五 冊
ISBN：978-986-485-258-1

杜亞泉與中國近代科學教育（下）

作　　者	閻乃勝
總 編 輯	杜潔祥
副總編輯	楊嘉樂
編　　輯	許郁翎、王 筑　美術編輯　陳逸婷
出　　版	花木蘭文化事業有限公司
發 行 人	高小娟
聯絡地址	235 新北市中和區中安街七二號十三樓
	電話：02-2923-1455／傳眞：02-2923-1452
網　　址	http://www.huamulan.tw 信箱 hml810518@gmail.com
印　　刷	普羅文化出版廣告事業
初　　版	2018 年 3 月
全書字數	247562 字
定　　價	七編 8 冊（精裝）台幣 15,000 元

版權所有·請勿翻印

杜亞泉與中國近代科學教育（下）

閻乃勝　著

目

次

附錄一：杜亞泉生平活動年表 [註1]

1873 年　1 歲

9 月 14 日生於浙江省紹興府山陰縣傖塘鄉（今浙江省上虞市長塘鎮）。

1889 年　16 歲

入山陰縣泮，中秀才。

1890 年　17 歲

進城拜何桐侯爲師，學習清初諸大家之文。

娶薛夫人。

1891 年　18 歲

鄉試未及第，深感「帖括非所學」，轉而跟從族叔杜山佳研習訓詁之學，攻讀許氏《說文》。學習刻苦，廢寢忘食，有人稱其爲「癡者」。

1894 年　21 歲

春，肄業於浙江杭州崇文書院，秋試後回鄉。

〔註 1〕　本附錄主要參照了下列有關杜亞泉生平活動的輯錄：1、許紀霖、田建業編：《一溪集：杜亞泉的生平與思想》，北京：三聯書店，1999 年，第 243〜322 頁；2、田建業、姚銘堯、任元彪選編：《杜亞泉文選》，上海：華東師範大學出版社，1993 年，第 427〜450 頁；3、許紀霖、田建業編：《杜亞泉文存》，上海：上海教育出版社，2003 年，第 466〜493 頁；4、高力克：《調適的智慧：杜亞泉思想研究》，杭州：浙江人民出版社，1998 年，第 249〜258 頁；5、陳鎰文、姚遠：《杜亞泉先生年譜》（1873〜1933），《西北大學學報》（自然科學版），2008 年第 5〜6 期，第 845〜1050 頁。

1895 年　22 歲

歲試考經解，冠全縣。受甲午戰敗刺激，痛覺「是（訓詁）學亦無裨實用」，決心講求實學以救世濟民，於是改學曆算（數學）。

1898 年　25 歲

被蔡元培聘為紹興中西學堂（今紹興一中前身）算學教員。自學物理、化學動物、植物、礦物，又自學日語，「不久能直譯而無阻」，從而得以窺見世界新學的發展動向，於是逐漸對對我國傳統學說有所懷疑。

1900 年　27 歲

鑒於在中西學堂與蔡元培一道傳播新思想而遭致校董會訓斥，與蔡同時離校。秋赴上海，開始致力於提倡科學，創亞泉學館，培養科技人才，這是中國第一所私立科技大學。同時出版《亞泉雜誌》半月刊，主要登載數學物理化學內容的論文及知識性文章，這是我國國人自己創辦的最早的自然科學專業期刊。在創刊號中宣揚科學技術「固握政治之樞紐」，肯定了科學技術的社會基礎地位。

1901 年　28 歲

得父資助，亞泉學館改為普通學書室，編譯發行科學書籍及語文史地等教科書。

《亞泉雜誌》出版第 10 期後，於 1902 年 9 月更名為《普通學報》，繼續發表科學論文，兼載時事及政治，為一份綜合性刊物。出 5 期後停辦。

在《普通學報》第 2 期上，發表《無極太極論》，這是杜亞泉的第一篇哲學論文。

1902 年　29 歲

2 月，普通學書室開始發行《中外算報》月刊，這是 20 世紀初我國的第一份數學專業期刊，推動了當時我國的數學研究和教育。

應商務印書館之邀，編寫《文學初階》一套 6 冊，7 月初版，這是我國近代最早的完全有別於「三、百、千」傳統教材，供蒙學堂使用的教科書。

夏，龐氏發生學潮，應浙江南潯潯溪公學校董龐清臣之邀，調停學潮，後任校長，進行大刀闊斧的改革：勸龐出資置圖書館、儀器館；備置印刷機具；聘請知名學者作為教員。杜認為這是施展他遠大抱負的絕好機會，專心致志，不遺餘力，竟然其妻薛夫人病故一月有餘才回鄉料理。後來學潮又起，

乃辭職，學校隨之停辦。學潮領袖黃遠庸日後成為民國時期著名記者，對學潮追悔莫及，深感有負杜師之恩。

1903 年　30 歲

返紹興，為培養科技人才，與王子餘、壽孝天、宗能述等在能仁寺創辦越郡公學，自任理化博物教員，後因款絀而停辦。

冬，續娶王夫人。

1904 年　31 歲

秋，應商務印書館創始人夏瑞芳、張元濟之邀加盟商務印書館，並將普通學書室併入商務，被聘為編譯所理化部主任，重新致力於科學研究編譯工作。除研究理化博物外，還涉及法律、哲學、經濟、政治、倫理、醫學、音韻等方面。自此與商務櫛風沐雨 28 年。當時商務出版的理化、博物等方面的教科書，大都出於其手。商務還在杜倡議下開辦過標本儀器傳習班，招收學徒，授以技術，培養自製儀器、標本、模型的人才；其本人也在傳習班中講課。

1905 年　32 歲

為蔡元培所辦愛國女學義務講授理科課程。

在《東方雜誌》上發表《物質進化論》、《倫理標準說》。

春夏間，杜以紹興同鄉組織名義歡迎並宴請女革命黨人秋瑾。

1906 年　33 歲

秋，偕杜海生赴日本考察教育，後購得日文書籍數十種回國。

1908 年　35 歲

與湯蟄仙等創立浙江旅滬學會，並被選為評議員。

夏，與壽孝天等積極策劃集款，維護蘇滬及滬杭鐵路修築權，並以自己的薪俸供紹籍友人回紹勸股，實現紹興認股五百萬元計劃。

1909 年　36 歲

譯著《蓋氏對數表》（附「用法說明」）出版

1910 年　37 歲

任浙江省庚子賠款留美學生主考，負責數理命題，勉勵竺可楨應試，竺後被錄取，赴美留學。

1911 年　38 歲

春，兼任《東方雜誌》主編，並對其進行重大改革，擴大篇幅，活躍版面，增加內容，刊載反映國內外形勢、國家政治、社會問題、學術思潮評論；增設「科學雜俎」等欄目傳播科學知識，設「談屑」等欄目議論時弊，從而面目一新，成為當時國內銷量最大、最有影響的雜誌。在任主編九年間，杜曾用「傖父」或「高勞」筆名撰寫論文、雜感或譯著約三百餘篇。

在《東方雜誌》上發表涉及教育問題的論文《減政主義》、《論今日之教育行政》。

當選紹興七縣旅滬同鄉會議長，副議長為邵力子，同鄉會設小學三所，並設紹興旅滬同鄉會公學，杜被推為校董。

1912 年　39 歲

在《東方雜誌》上發表《革命成功記》、《中華民國之前途》、《論共和折衷制》，進一步介紹辛亥革命，並提出治國建議。

全文翻譯日本近代著名社會主義理論先驅幸德秋水的《社會主義神髓》，分期刊登於《東方雜誌》上。1923 年被收入《東方文庫》叢書，單本出版。

偕吳稚暉入北京出席教育部國音統一會，被聘為會員。業餘研究注音字母及新式標點之創製和推行，並以圈點《二十四史》作試驗，歷時兩年多。

1913 年　40 歲

杜亞泉大聲疾呼社會改革，主張漸變，反對激進，認為改造社會應先通過教育提高國民的素質與覺悟。在《東方雜誌》上發表《共和政體與國民心理》、《論人民重視官吏之害》、《吾人將以何法治療社會之疾病乎》、《論中國之社會心理》、《論社會變動之趨勢與吾人處世之方針》、《現代文明之弱點》、《精神救國論》、《國民今後之道德》等文章闡述自己的觀點。

1914 年　41 歲

發表《個人之改革》、《破除享福之目的》等文章闡述其社會改革思想。

發表《接續主義》、《策消極》兩篇哲學著作。

發表《大戰爭與中國》、《大戰爭之所感》、《戰爭雜話》等文章，大量連續報導第一次世界大戰。

1915 年　42 歲

為喚起國人的愛國心和自覺性，發表《社會協力主義》、《論思想戰》、

《波海會》、《國家自衛論》、《國民對外方法之考案》、《吾人今後之自覺》等文章。

1916 年　43 歲

繼續報導並評論世界大戰發展情況。

連續發表長篇報導《帝制運動始末記》，並撰《天意與民意》等文章，抨擊袁世凱復辟帝制。

撰文《靜的文明與動的文明》、《再論新舊思想之衝突》、《東西驗方新編》，主張對西方文明不能持盲從態度，並反對對傳統作絕對否定。

1917 年　44 歲

繼續撰文《個人與國家之界說》、《國會之解散》、《眞共和不能以武力求之論》，呼籲民主，呼喚眞共和等。

撰文《戰後東西文明之調和》，繼續參與東西文化論爭。

發表《男女及家庭》、《選舉與考試》、《婦女職業》、《農村之娛樂》、《自由結婚》、《文明結婚》、《說儉》，倡言社會改革。

發表《未來之世局》，預言今後世界將出現國家的聯合，社會發生新的階級——有科學素養的勞動者。

撰文《革命後之俄國近情》，對列寧領導的十月革命，認爲是過激行動。

《化學工藝寶鑒》出版。此書包括重要工藝 30 餘項千餘種，爲國貨製造家們提供了一份詳盡的技術參考資料。

1918 年　45 歲

《植物大辭典》出版。該書爲我國第一部專科辭典，由 13 人合作，杜任主編，自 1907 年開始編輯，歷時 12 年，全書 300 餘萬字。1934 年再版。蔡元培爲辭典作序稱：「吾國近出科學辭典，詳博無逾於此者。」

發表《推測中國社會將來之變遷》、《矛盾之調和》、《政治上紛擾之原因》、《迷亂之現代人心》、《中國之新生命》、《勞動主義》、《國家主義之考慮》、《對於未來世界之準備如何》、《言論勢力失墜之原因》，倡言東西文化調和。

9 月，陳獨秀在《新青年》第 5 卷第 3 號發表《質問〈東方雜誌〉記者——〈東方雜誌〉與復辟問題》。12 月，杜在《東方雜誌》第 15 卷第 12 號發表《答〈新青年〉雜誌記者之質問》一文作答。

1919 年　46 歲

2 月，陳獨秀在《新青年》第 6 卷第 2 號又發表《再質問〈東方雜誌〉記者》。

杜於同年 9 月在《東方雜誌》發表《新舊思想之折衷》一文，繼續闡明自己的觀點：「對於固有文明乃主張科學的刷新，並不主張頑固的保守；對於西洋文明亦主張相當的吸收，惟不主張完全的仿傚而已。」

11 月，杜在《東方》發表《何謂新思想》一文，與蔣夢麟進行了關於新舊思想問題的論辯。主張「新思想依據於理性」，反對以感情、意志為斷，指出以感情與意志為思想之原動力，實為西洋現代文明之病根。

第一次世界大戰結束後，杜及時發表《大戰終結後國人之覺悟如何》一文，呼籲國人「拋棄權利競爭，保國內之和平」，「勵行社會政策，以蘇下層人民之苦痛」。

4 月，發表《中國政治革命不成功及社會革命不發生之原因》一文，認為原因在於知識階級未能與資產階級和勞動階級相結合。

父歿。

1920 年　47 歲

辭去《東方雜誌》主編兼職，專事於理科編輯工作。

11 月，他針對余雲岫完全否定中醫理論的文章，在《學藝》雜誌上發表《中國醫學的研究方法》一文，為中醫理論辯護。

1923 年　50 歲

《動物學大辭典》出版。該書由 5 人合作，杜任主編，自 1917 年開始編輯，歷時 6 年，全書 250 餘萬字。1927 年四版。

1924 年　51 歲

於上海創辦新中華書院，培養從事科學、實業的人才，自任教授訓導之責，提倡敦樸學風，鼓勵學生畢業後赴農村，從事教育及農村合作事業。

1926 年　53 歲

新中華學院因經費不敷停辦。杜為辦校除脫售商務股票外，又負債二、三千元。

1927 年　54 歲

先後於 2 月和 11 月在《一般》雜誌上發表《對於李石岑先生演講〈舊倫

理觀與新倫理觀〉的疑義和感想》及《關於情與理的辯論》二文，對李石岑和朱孟實尊情抑理和割裂新舊倫理的觀點進行質詰。

1929 年　56 歲

《人生哲學》出版。該書系「將其在學校中講授之人生哲學內容，充實資料，彙編整理，歷時六、七年而成」，「全書以科學方法研求哲理，故周詳審慎，力避偏宕，對於各種學說，往往執兩端而取其中……種種相對的主張，無不以折衷之法，兼取其長而調和之」。

1932 年　59 歲

「一・二八」日寇侵犯吳淞，杜寓所與商務印書館俱被炮火焚毀，商務被迫停業並解雇職工，杜也率全家避難回鄉，變賣家產爲生。在此情況下，他仍召集其侄杜其堯、杜其堡及幾位商務退職同人，自費在鄉間創辦「千秋編譯社」，繼續從事科學編著工作，完成 70 萬字的《小學自然科詞書》的編撰。此外，又每隔一周進城爲稽山中學（今紹興二中前身）義務授課，內容有政治、經濟和自然科學等，並宣傳抗日救國。

在鄉間抨擊豪強，革新教育，不以年老而墜其志。

4 月，《博史》出版。

1933 年　60 歲

秋，患肋膜炎，至 12 月 6 日去世。病篤時無錢醫治，死後借棺入殮。

6 月，曾赴龍山詩巢雅集，有和友人六如韻詩，末兩句是年云：「鞠躬盡瘁尋常事，動植猶然而況人。」實爲他一生爲人的寫照。

附錄二：參考文獻

（一）資料彙編・方志

1. 張靜廬輯注：《中國現代出版史料》，北京：中華書局，1952 年版。

2. 張靜廬輯注：《中國近代出版史料》，上海：上海群聯出版社，1954 年版。

3. 張靜廬輯注：《中國出版史料補編》，北京：中華書局，1957 年版。

4. 上海圖書館編：《中國近代現代叢書目錄》，上海：上海圖書館，1979 年版。

5. 商務印書館編：《商務印書館圖書目錄》（1897～1949），北京：商務印書館，1981 年版。

6. 上海圖書館編：《中國近代期刊篇目匯錄》（第 2 卷・中），上海：上海人民出版社，1983 年版。

7. 陳崧編：《五四前後東西文化問題論戰文選》，北京：中國社會科學出版社，1985 年版。

8. 陳崧編：《中國文化研究集刊》（第 2 輯），上海：復旦大學出版社，1985 年版。

9. 中國社會科學院近代史研究所編：《五四運動與中國文化建設》，北京：社會科學文獻出版社，1989 年版。

10. 政協浙江省委員會文史資料研究委員會編：《浙江文史資料選輯・浙江近代學術名人》，杭州：浙江人民出版社，1990 年版。

11. 卞孝萱、唐文叔編：《民國人物碑傳集》，北京：團結出版社，1995 年版。

12. 紹興修志委員會編：《紹興賢人志》（一），1937 年。

13. 紹興修志委員會編：《紹興縣志資料》（第 1 輯，第 2 編，第 16 冊），1937 年。

14. 文史資料編纂委員會編：《文史資料選輯》（第 43 輯），1964 年。

15. 紹興修志委員會編：《紹興縣文史資料選輯》（第 1 輯），1983 年。

16. 浙江省上虞縣地名委員會編：《上虞縣地名志》，上虞：上虞縣地名委員會，1984 年。

17. 浙江省上虞縣志編纂委員會編：《上虞縣志》，杭州：浙江人民出版社，1990 年。

18. 浙江省上虞市教育志編纂委員會編：《上虞教育志》，杭州：浙江人民出版社，1993 年。

（二）文集・專著

1. 田建業、姚銘堯、任元彪編：《杜亞泉文選》，上海：華東師範大學出版社，1993 年版。

2. 田建業、許紀霖編：《一溪集──杜亞泉的生平與思想》，北京：三聯書店，1999 年版。

3. 田建業、許紀霖編：《杜亞泉文存》，上海：上海教育出版社，2003 年版。

4. 丁韙良：《格物入門》，京師同文館，1868 年版。

5. 瑪高溫、華衡芳：《金石識別》，江南製造局，1871 年版。

6. 嘉約翰、何瞭然：《化學初階》，博濟醫局，1871 年版。

7. 傅蘭雅、徐壽：《化學鑒原》，江南製造局，1871 年。

8. 畢力乾：《化學指南》，京師同文館，1873 年版。

9. 商務印書館：《植物學大辭典》，上海：商務印書館，1918 年版。

10. 杜亞泉著：《人生哲學》，上海：商務印書館，1929 年版。

11. 鄭觀應著：《學校》，《中國近代史資料叢刊・戊戌變法》（第 1 冊），北京：神州國光，1953 年版。

12. 袁翰青著：《中國化學史論文集》，北京：三聯書店，1956 年版。

13. 魯迅著：《集外集》，北京：人民文學出版社，1959 年版。

14. 〔英〕斯賓塞著：《教育論》，胡毅譯，北京：人民教育出版社，1962 年版。

15. 陶英惠：《蔡元培年譜》，臺北：臺灣中央研究院近代史研究所，1976 年版。

16. 馬克思、恩格斯著：《馬克思恩格斯選集》（第 2 卷），北京：人民出版社，1977 年版。

17. 中國社會科學院近代史研究所編：《紀念五四運動六十週年學術討論會論文選》，北京：中國社會科學出版社，1980 年版。

18. 黃光國、楊國樞著：《中國人的心理與行為》，臺北：臺灣桂冠圖書公

司，1980 年版。

19. 〔英〕李約瑟著：《中國科學技術史》（第 7 卷），北京：中國科技出版社，1981 年版。

20. 〔德〕海森堡著：《物理學和哲學》，范岱年譯，北京：商務印書館，1981 年版。

21. 商務印書館著：《聯合書訊》，上海：商務印書館，1983 年版。

22. 謝菊曾著：《十里洋場的側影》，廣州：花城出版社，1983 年版。

23. 〔英〕培根著：《新工具》，上海：商務印書館，1984 年版。

24. 湯志鈞編：《章太炎年譜長編》，北京：中華書局，1985 年版。

25. 戈公振著：《中國報學史》，北京：中國新聞出版社，1985 年版。

26. 汪家熔著：《大變動時代的建設者——張元濟傳》，成都：四川人民出版社，1985 年版。

27. 李澤厚著：《中國古代思想史論》，北京：人民出版社，1986 年版。

28. 〔美〕羅伯特·金·默頓著：《十七世紀英國的科學·技術與社會》，范岱年等譯，成都：四川人民出版社，1986 年版。

29. 袁翰青著：《自學有成的科學編譯者杜亞泉先生》，上海：商務印書館，1987 年版。

30. 韋伯著：《新倫理與資本主義精神》，北京：三聯書店，1987 年版。

31. 托馬斯·哈定著：《文化與進化》，杭州：浙江人民出版社，1987 年版。

32. 黃順基、劉大椿著：《科學的哲學反思》，北京：中國人民大學出版社，1987 年版。

33. Charlotte Furth 著：《丁文江——科學與中國新文化》，長沙：湖南科學技術出版社，1987 年版。

34. 商務印書館編：《商務印書館九十年》，北京：商務印書館，1987 年版。

35. 山本新編：《中國文明與世界》，上海：東方出版社，1988 年版。

36. 彭加勒著：《科學的基礎》，李醒民譯，北京：光明日報出版社，1988 年版。

37. 林毓生著：《中國傳統的創造性轉化》，北京：三聯書店，1988 年版。

38. 陳獨秀著：《獨秀文存》，合肥：安徽人民出版社，1988 年版。

39. 俞新天著：《現代化理論研究》，北京：華夏出版社，1989 年版。

40. 費正清著：《美國與中國》，北京：商務印書館，1989 年版。

41. 〔美〕喬治·薩頓著：《科學史和新人文主義》，陳恒六等譯，北京：華夏出版社，1989 年版。

42. 郭穎頤著：《中國現代思想中的唯科學主義》，南京：江蘇人民出版社，

1989 年版。

43. 小摩里斯・N・李斯特著，顧昕、張小天譯：《科學是一種文化過程》，北京：三聯書店，1989 年版。

44. 林毓生著：《政治秩序與多元社會》，臺北：臺北聯經出版事業公司，1989 年版。

45. 史全生編：《中華民國文化史》，長春：吉林文史出版社，1990 年版。

46. 〔英〕托・亨・赫胥黎著：《科學與教育》，單中惠譯，北京：人民教育出版社，1990 年版。

47. 張寶明著：《啓蒙與革命——五四激進派的兩難》，上海：學林出版社，1990 年版。

48. 〔英〕貝爾著：《文明》，張靜清譯，上海：商務印書館，1990 年版。

49. E・悉爾斯著：《論傳統》譯序，上海：上海人民出版社，1991 年版。

50. 希爾斯著：《論傳統》，上海：上海人民出版社，1991 年版。

51. 史和著：《中國近代報刊名錄》，福州：福建人民出版社，1991 年版。

52. 席爾斯著：《論傳統》，上海：上海人民出版社，1991 年版。

53. 〔美〕艾愷著：《世界範圍內非反現代化思潮——論文化守成主義》，貴陽：貴州人民出版社，1991 年版。

54. 〔美〕艾愷著：《世界範圍內的反現代化思潮》，貴陽：貴州人民出版社，1991 年版。

55. 〔荷蘭〕R・霍伊卡著：《宗教與現代科學的興起》，成都：四川人民出版社，1992 年版。

56. 商務印書館編：《商務印書館九十五年》，北京：商務印書館，1992 年版。

57. 葛榮晉著：《中日實學史研究》，北京：中國社會科學出版社，1992 年版。

58. 顧昕著：《中國啓蒙運動的歷史圖景》，香港：牛津大學出版社（香港），1992 年版。

59. 龔育之著：《科學・哲學・社會》，北京：光明日報出版社，1992 年版。

60. 唐明邦主編：《中國近代啓蒙思潮》，南昌：江西人民出版社，1993 年版。

61. 曾敬民著：《中國古代科學家傳記》，北京：科學出版社，1993 年版。

62. 王太慶著：《西方自然哲學原著選輯》，北京：北京大學出版社，1993 年版。

63. 〔美〕費正清等編：《劍橋中國晚清史》，北京：中國社會科學出版社，1993 年版。

64. 肖峰著：《科學精神與人文精神》，北京：中國人民大學出版社，1994 年版。

65. 金林祥著：《蔡元培教育思想研究》，瀋陽：遼寧教育出版社，1994 年版。

66. 黃克武著：《一個被放棄的選擇：梁啓超調適思想之研究》，臺北：臺灣中央研究院近代史所，1994 年版。

67. 錢穆著：《中國文化史導論》，上海：商務印書館，1994 年版。

68. 熊月之著：《西學東漸與晚清社會》，上海：上海人民出版社，1994 年版。

69. 吳方著：《仁智的山水‧張元濟傳》，上海：上海文藝出版社，1994 年版。

70. 黃濟著：《中國傳統教育哲學概論》，鄭州：河南教育出版社，1994 年版。

71. 許紀霖、陳達凱主編：《中國現代化史》（第 1 卷），上海：三聯書店，1995 年版。

72. 民國時期總書目（中小學教材卷），北京：書目文獻出版社，1995 年。

73. 金林祥主編：《中國教育思想史》（第 3 卷），上海：華東師範大學出版社，1995 年版。

74. 卞孝萱、唐文權著：《民國人物碑傳集》，北京：團結出版社，1995 年版。

75. 桑兵著：《清末新知識界的社團與活動》，北京：三聯書店，1995 年版。

76. 張金鵬著：《英美現代化研究》，昆明：雲南大學出版社，1995 年版。

77. 張國祚、張瑞山著：《介紹近代科學的先驅者杜亞泉》，北京：龍門書局，1995 年版。

78. 丁偉志、陳崧著：《中體西用之間》，北京：中國社會科學出版社，1995 年版。

79. 董光璧著：《中國近現代科學技術史論綱》，長沙：湖南教育出版社，1995 年版。

80. 周昌忠著：《西方科學的文化精神》，上海：上海人民出版社，1995 年版。

81. 〔美〕郭穎頤著，雷頤譯：《中國現代思想中的唯科學主義（1900～1950)》，南京：江蘇人民出版社，1995 年版。

82. 劉大椿、吳向紅著：《新學苦旅——科學‧社會‧文化的撞擊》，南昌：江西高校出版社，1995 年版。

83. 周策縱著：《五四運動：現代中國的思想革命》，南京：江蘇人民出版社，1996 年版。

84. 張少華著：《美國早期現代化的兩條道路之爭》，北京：北京大學出版社，1996 年版。

85. 董光璧著：《傳統與後現代——科學與中國文化》，濟南：山東教育出版社，1996 年版。

86. 高瑞泉主編：《中國近代社會思潮》，上海：華東師範大學出版社，1996 年版。

87. 〔美〕希拉里・普特南著：《理性・真理與歷史》，童世駿、李光程譯，上海：上海譯文出版社，1997 年版。

88. 商務印書館編：《商務印書館一百年》，北京：商務印書館，1997 年版。

89. 商務印書館編：《商務印書館百年大事記（1897～1997)》，北京：商務印書館，1997 年版。

90. 吳雁南等主編：《中國近代社會思潮》（第 1～4 卷），長沙：湖南教育出版社，1998 年版。

91. 高力克著：《調適的智慧：杜亞泉思想研究》，杭州：浙江人民出版社，1998 年版。

92. 高平叔著：《蔡元培全集》（第六卷），北京：中華書局，1998 年版。

93. 張君勱：《科學與人生觀》，瀋陽：遼寧教育出版社，1998 年版。

94. 龔書鐸主編：《近代中國與近代文化》，長沙：湖南人民出版社，1998 年版。

95. K・皮爾遜著：《科學的規範》，李醒民譯，北京：華夏出版社，1999 年版。

96. 楊國榮著：《科學的形上之維——中國近代科學主義的形成與衍化》，上海：上海人民出版社，1999 年版。

97. 金吾倫著：《吳大猷文集》，杭州：浙江文藝出版社，1999 年版。

98. 高力克著：《求索現代性》，杭州：浙江大學出版社，1999 年版。

99. 汪家熔著：《鞠躬盡瘁尋常事——記杜亞泉和商務印書館與〈文學初階〉》，上海：商務印書館，1998 年版。

100. 《中國編輯研究》委員會著：《中國編輯研究》，北京：人民教育出版社，2000 年版。

101. 褚宏啓著：《教育現代化的路徑》，北京：教育科學出版社，2000 年版。

102. 黃書光著：《中國教育哲學史》（第 4 卷），濟南：山東教育出版社，2000 年版。

103. 孫培青主編：《中國教育史》，上海：華東師範大學出版社，2000 年版。

104. 楊揚著：《商務印書館：民間出版業的興衰》，上海：上海教育出版社，2000 年版。

105. 陳思和、楊根著：《商務印書館：民間出版業的興衰》，上海：上海教育出版社，2000 年版。

106. 彭加勒著：《科學的價值》，李醒民譯，瀋陽：遼寧教育出版社，2000 年版。

107. 冒榮著：《科學的播火者》，南京：南京大學出版社，2002 年版。

108. 樊洪業、張九春著：《科學救國之夢——任洪雋文存》，上海：上海科技

教育出版社，2002 年版。

109. 趙匡華著：《中國化學史・近現代卷》，南寧：廣西教育出版社，2003 年版。

110. 竺可楨著：《竺可楨全集》，上海：上海科技教育出版社，2004 年版。

111. 金林祥著：《思想自由　兼容並包——北京大學校長蔡元培》，濟南：山東教育出版社，2004 年版。

112. 杜成憲、鄧明言著：《教育史學》，北京：人民教育出版社，2004 年版。

113. 杜成憲、丁鋼主編：《20 世紀中國教育的現代化研究》，上海：上海教育出版社，2004 年版。

114. 李澤厚著：《中國近代思想史論》，天津：天津社會科學院出版社，2004 年版。

115. 邱若宏著：《傳播與啓蒙——中國近代科學思潮研究》，長沙：湖南人民出版社，2004 年版。

116. 陳國慶主編：《中國近代社會轉型研究》，北京：社會科學文獻出版社，2005 年版。

117. 北京大學科學與社會研究中心編：《科學・人文・社會》，北京：北京大學出版社，2006 年版。

118. 劉黎紅著：《五四文化保守主義思潮研究》，北京：中國社會科學出版社，2006 年版。

119. 洪九來著：《寬容與理性——〈東方雜誌〉的公共輿論研究（1904～1932)》，上海：上海人民出版社，2006 年版。

120. 洪九來著：《寬容與理性——〈東方雜誌〉的公共輿論研究（1904～1932)》，上海：上海人民出版社，2006 年。

121. 史春風著：《商務印書館與中國近代文化》，北京：北京大學出版社，2006 年版。

122. 陳旭麓著：《近代中國社會的新陳代謝》，上海：上海社會科學院出版社，2006 年版。

123. 金忠明等著：《中國近代科學教育思想研究》，北京：科學普及出版社，2007 年版。

124. 王倫信等著：《中國近代民眾科普史》，北京：科學普及出版社，2007 年版。

125. 王倫信等著：《中國近代中小學科學教育史》，北京：科學普及出版社，2007 年版。

126. 霍益萍等著：《科學家與中國近代科普和科學教育——以中國科學社為例》，北京：科學普及出版社，2007 年版。

127. 張彬等著：《浙江教育家和中國近代教育》，杭州：浙江大學出版社，2008年版。

128. 張彬等著：《浙江教育發展史》，杭州：杭州出版社，2008年版。

129. 陳旭麓著：《中國近代史十五講》，北京：中華書局，2008年版。

130. 馮志傑著：《中國近代科技出版史研究》，北京：中國三峽出版社，2008年版。

（三）報刊資料

1. 《亞泉雜誌》。

2. 《普通學報》。

3. 《東方雜誌》第8～17卷。

4. 《甲寅雜誌》。

5. 《新青年》第1～9卷。

6. 《學藝》第2卷。

7. 《一般》第2～3卷。

8. 《學生雜誌》。

9. 《時事新報》。

10. 《蘇報》，1903年。

11. 《教育雜誌》，1909年。

（四）期刊論文

1. 任洪雋：《化學元素命名說》，《科學》，1915年第1期。

2. 任洪雋：《無機化學命名商榷》，《科學》，1920年第5期。

3. 梁國常：《無機化學命名商榷》，《科學》，1921年第3期。

4. 吳承洛：《無機化學命名法平議》，《科學》，1927年第12期。

5. 章錫琛：《從商人到商人》，《中學生》，1931年。

6. 周建人：《憶杜亞泉先生》，《申報‧自由談》，1934年2月2日。

7. 曾昭掄：《二十年來中國化學之進展》，《科學》，1935年第19期。

8. 曾昭掄：《江南製造局時代編輯之化學書籍及其所用之化學名詞術語》，《化學》，1936年第3期。

9. 朱孝慈：《杜亞泉的生平及其醫學學說》，《新中醫藥》，1956年第9期。

10. 張子高、楊根：《化學通報》（第1期），1965年。

11. 賈平安：《中國科技史料》（第4期），1982年。

12. 袁翰青：《自學有成的科學編譯者杜亞泉先生》，香港《新晚報》，1982

年 2 月 7 日。

13. 晨呆：《杜亞泉先生事略》，《紹興文史資料選輯》（第 1 輯），1983 年。

14. 晨呆：《一位以科學報國的先驅者──杜亞泉》，《百科知識》，1984 年第 4 期。

15. 謝振聲、陳德和：《潛心著述遺益後人──介紹我國近代自學有成的科學編譯者杜亞泉》，《浙江日報》，1984 年 3 月 13 日。

16. 謝振聲：《杜亞泉傳略》，《中國科技史雜誌》，1988 年第 3 期。

17. 李恩民：《戊戌時期的科技近代化趨勢》，《歷史研究》，1990 年第 6 期。

18. 徐克敏：《我國最早的科技期刊──〈亞泉雜誌〉》，《中國科技期刊研究》，1990 年第 1 期。

19. 王揚宗：《關於〈化學鑒原〉和〈化學初階〉》，《中國科技史料》，1990 年第 11 期。

20. 任元彪：《杜亞泉現象》，《科學學研究》，1991 年第 2 期。

21. 黃唏：《科技期刊與科技進步和生產發展》，《中國科技期刊研究》，1992 年第 3 期。

22. 丁守和：《實業救國‧教育救國‧科學救國思潮的再認識》，《文史哲》，1993 年第 5 期。

23. 鄭師渠：《論杜亞泉與新文化運動》，《北京師範大學學報》（社會科學版），1994 年第 2 期。

24. 劉凌：《先驅杜亞泉的文集》，《書城》，1995 年第 1 期。

25. 陳江：《〈自然界〉：為「科學的中國化」努力》，《編輯學刊》，1995 年第 3 期。

26. 蘇兆瑞：《鞠躬盡瘁尋常事──介紹近代著名科學家教育家杜亞泉先生》，《遠程教育雜誌》，1995 年第 1 期（增刊）。

27. 孫鳳琴：《杜亞泉及〈亞泉雜誌〉》，《河北科技圖苑》，1996 年第 1 期（增刊）。

28. 俞大昌：《21 世紀期刊與信息傳播》，《編輯學報》，1997 年第 5 期。

29. 唐斌：《科學教育與人文精神──兼論科學的人文教育價值》，《教育研究》，1997 年第 11 期。

30. 周武：《為國家謀文化上之建設──杜亞泉與商務印書館》，《檔案與史學》，1998 年第 4 期。

31. 張亞軍：《略論科技期刊的科技傳遞》，《貴州大學學報》（自然科學版），1999 年第 1 期。

32. 李醒民：《科玄論戰中的皮爾遜》，《自然辯證法通訊》，1999 年第 1 期。

33. 袁振國：《反思科學教育》，《教育參考》，1999 年第 1 期。

34. 姚曉春：《科學教育與教育的使命》，《教育參考》，1999 年第 5 期。

35. 王建輝：《科學編輯杜亞泉》，《出版廣角》，2000 年第 6 期。

36. 李洪河、祁森林：《杜亞泉科學文化教育活動探略》，《河南教育學院學報》（哲學社會科學版），2000 年第 3 期。

37. 張清建：《居里夫婦與釙和鐳的發現》，《大學化學》，2000 年第 5 期。

38. 王曉勇：《科學精神與諾貝爾獎》，《自然辯證法研究》，2001 年第 9 期。

39. 顏志森、姚遠：《科技期刊信息傳播功能的演進》，《編輯學報》，2001 年第 1 期。

40. 張開遜：《今天傳播什麼：科學傳播歷史回顧與哲學思考》，《科技導報》，2001 年第 6 期。

41. 蘇力、姚遠：《中國綜合性期刊的嚆矢──〈亞泉雜誌〉》，《編輯學報》，2001 年第 13 期。

42. 歐陽正宇：《杜亞泉的科學救國思想及成就》，《甘肅社會科學》，2002 年第 5 期。

43. 陶鶴山：《傳播學的危機與重構》，《新聞與傳播研究》，2002 年第 2 期。

44. 徐志京：《從受眾的需求看科技信息傳播業的可持續發展》，《編輯學報》，2002 年第 1 期。

45. 霜木：《中國首份科學雜誌的創辦人杜亞泉》，《今日浙江》，2003 年第 22 期。

46. 歐陽正宇：《杜亞泉的教育救國思想及成就》，《西北師大學報》（社會科學版），2003 年第 1 期。

47. 高峻：《中國最早的綜合性自然科技期刊──〈亞泉雜誌〉》，《出版史料》，2003 年第 2 期。

48. 潘雲唐：《杜亞泉三傑：我國科技術語工作的先驅》，《科技術語研究》，2003 年第 5 期。

49. 何涓：《化學元素名稱漢譯史研究述評》，《自然科學史研究》，2003 年第 2 期。

50. 邊東子、劉藩：《他把居里夫婦親手製作的碳酸鋇鐳標準帶回中國》，《中國計量》，2004 年第 7 期。

51. 張建紅、趙玉龍：《民國初年的〈植物學大辭典〉》，《華夏文化》，2004 年第 4 期。

52. 任元彪：《面對西方科學的衝擊：杜亞泉回應方式》，《科學文化評論》，2006 年第 2 期。

53. 傅麗紅：《杜亞泉──致力於科學傳播的啓蒙學人》，《今日浙江》，2006 年第 13 期。

54. 李靜：《杜亞泉與〈東方雜誌〉》，《青海社會科學》，2007 年第 4 期。

55. 何涓：《益智書會與杜亞泉的中文無機物命名方案》，《自然科學史研究》，2007 年第 3 期。

56. 付東升、陳章：《杜亞泉科學教育思想探析》，《浙江教育學院學報》，2007 年第 2 期。

57. 陳鏡文、亢小玉、姚遠：《杜亞泉先生年譜》（1912～1933），《西北大學學報》（自然科學版），2008 年第 6 期。

58. 陳鏡文、亢小玉、姚遠：《杜亞泉先生年譜》（1873～1912），《西北大學學報》（自然科學版），2008 年第 5 期。

59. 陳鏡文、姚遠、曲安京：《杜亞泉主編的 3 刊及其科學傳播實踐》，《編輯學報》，2009 年第 2 期。

60. 徐木興：《杜亞泉國民教育思想研究》，《寧波大學學報》（教育科學版），2009 年第 2 期。

61. 朱丹瓊：《從杜亞泉到吳大猷──20 世紀中國科學界論傳統與現代化之一瞥》，《西北大學學報》（哲學社會科學版），2009 年第 2 期。

（五）學位論文

1. 張敏：《科學教育：人性迷失與理性遍尋》，東北師範大學 2004 屆博士學位論文。

2. 馬宏佳：《以科學探究為核心的科學教育教學策略研究》，南京師範大學 2005 屆博士學位論文。

3. 趙冬：《近代科學在中國的本土化實踐研究》，山西大學 2005 屆博士學位論文。

4. 朱華：《近代科學救國思潮研究》，北京師範大學 2006 屆博士學位論文。

5. 修圓慧：《中國近代科學觀研究》，黑龍江大學 2007 屆博士學位論文。

6. 馮志傑：《中國近代科技出版史研究》，南京農業大學 2007 屆博士學位論文。

7. 姚崑崙：《中國科學技術獎勵制度研究》，中國科學技術大學 2007 屆博士學位論文。

8. 盧豔君：《科學制度的理性光輝》，山東大學 2008 屆博士學位論文。

9. 郝書翠：《「李約瑟難題」的哲學──文化學分析》，山東大學 2008 屆博士學位論文。

10. 王建平：《中國現代語境下的科學教育與人文教育融合問題研究》，華中科技大學 2008 屆博士學位論文。

11. 王瑋：《中國教會大學科學教育研究（1901～1936）》，上海交通大學 2008 屆博士學位論文。

12. 王代莉：《五四前後文化調和論研究》，中國社會科學院研究生院 2009 屆博士學位論文。

13. 趙中亞：《〈格致彙編〉與中國近代科學的啓蒙》，復旦大學 2009 屆博士學位論文。

14. 吳淼：《中國近代化進程中吳承洛貢獻之研究》，上海交通大學 2009 屆博士學位論文。

15. 陳鎰文：《近代西方化學在中國的傳播》，西北大學 2009 屆博士學位論文。

16. 劉曉嘉：《杜亞泉編輯思想研究》，華中師範大學 2009 屆碩士學位論文。

17. 王文勇：《科學與人文：中國現代作家的價值選擇》，廈門大學 2009 屆博士學位論文。

18. 李運昌：《再造文明與教育革新》，河北大學 2010 屆博士學位論文。

19. 朱海伍：《李鴻章洋務思想研究》，吉林大學 2010 屆博士學位論文。

（六）外文資料

1. Newman, *John, The Idea of a University*, University of NotreDame Press, Indiana, 1982.

2. Abram Flexner, Universities: *A eri Can, English, German*, NewYork: Oxford University Press, 1968.

3. John Henry eardinar Newman: eldea of a university Rsnehart Press.

4. Mathew Arnold: *Literature and seience in Readings* in the History of Edueation Edited by Margaret Colleft. 1969. Canada.

5. D. Kellner. Critieal Theory. Marxism and Modernit polity press.

6. Thomas Metzger. Escape from predieament: *Neo-Confucianism and China' Evolving Political Culture*. NewYork: Columbia University Press, 1977.

7. Chikara, S. 2001/2002, *L'introduction de la science occidentale dans le Japan du bakumatsu et de Meiji (1840~1912)*. Daruma. No.

8. Lin, Yu-sheng 1979. *The Crisis of Chinese Consciousness: Radical Antitraditionalism in the May Fourth Era*. Madison: University of Wisconsin Press.

9. Matthew. *M. R Construetivism and science education: afurther a Ppraisal. Journalof Science Education and Teaehing*.

10. Elkana, Y. 1981. A Programmatic Attempt at an Anthropology of Knowledge. Everett Mendelsohn and Yehuda Elkana, Y. Sciences and Cultures, Sociology of the Sciences Yearbook Volume V. Dordrecht: Reidel, 3.

11. Auen, Miehael, *The Goals of Universities, Buekingham*: SRHE & Open University Press, 1988.

12. H. R. Jasta: *Spiritual Values and Edueation*. Delhi: Published by Prabhat

Praksshan, Ist Edition, 1990.

13. Kenneth D. Benne, *The Task of Post. Contelll Porary Education*, Teaehers College Press, Columbia University, 1990.

14. Boyd, 1992, *The Moral Part of Pluralism as the Plural Part of Moral Education Power, EC.&LaPsley, D. K. Eds.* The Challenge of Pluralism: Education, Polities And Valure.Indiana: University of Notre Dape Press.

15. Va ndenberg D. *Education as a human right:A theory of eurrieu lum and Pedagogy*. NewYork: teaehers eollege Press.

16. John. Brubaeher and Willis Rudy: *Higher Educationin Transition*: A History of Alneriean Colleges and Universities, Cha Pter, The Philoso Phy of Education, by Transaetion Publishers, 1997.

附錄三：近年來本書作者有關杜亞泉研究的學術論文

壹、「杜亞泉與中國近代科學教育」研究述評

一、問題的提出

　　近代中國，中華民族命運多桀。「救亡圖存」的時代主旋律誘發一批負有愛國憂患意識的知識分子在探尋救國救民之路時，將目光投向了「科學救國」，倡導向西方學習，開展科學教育。「縱觀鴉片戰爭以來國人向西方學習的進程，大致經歷了三個階段。第一階段，注重學習西方發達的物質文明；第二階段，學習西方的制度文明；第三階段學習其文化根本」〔註1〕，經歷了從「技」到「學」的觀念轉變。從一定意義上說，「一部中國近代史就是一部西方近代科學技術在中國被接納、解讀、傳播和落戶的歷史。」〔註2〕

　　在近代科學教育的歷史長河中，尤其是在中西文化相互激蕩的「五四」新文化運動時期，有一位曾經因與以陳獨秀爲代表的激進派開展「關於中西文化問題」論戰，而長期以來一直被主流意識視爲「文化保守主義」，甚至是「完全的封建衛道士」的代表，同時其一生致力於科學教育，在一定意義上爲近代科學教育的發展作出了開創性貢獻。一面是「落伍者」，一面是「中國科學界的先驅」〔註3〕，這個人就是原《東方雜誌》主編杜亞泉（1911～1920

〔註1〕　陸衛明、程瑾：〈論杜亞泉的中西文化觀〉〔J〕，《廣西社會科學》，2006 年第
　　　　　6 期，第 168 頁。
〔註2〕　霍益萍等：《科學家與中國近代科普和科學教育》〔M〕，北京：科學普及出版
　　　　　社，2007 年，第 6 頁。
〔註3〕　胡愈之：〈追悼杜亞泉先生〉〔J〕，《東方雜誌》，1934 年第 1 期。

年執筆政)。其實，世人這樣評價杜亞泉：「杜亞泉先生是十九世紀末和二十世紀初我國介紹西方科學成績卓著的人物之一，他所編譯的書刊，對於推動中國科學的發展起過一定的作用。這是歷史事實，完全可以肯定的」〔註4〕、「對於我國 20 世紀前期的科學發展，起了相當大的推動作用」〔註5〕、「徐壽先生之後，19 世紀末 20 世紀初，杜亞泉先生要算是成績卓著的人物之一了」〔註6〕、「在中國科技發達史中，先生應該有一個重要的地位」〔註7〕、「功業彪炳的前輩」〔註8〕。在近代科學教育史上，杜亞泉具有光輝的形象和崇高的地位。

　　然而，鑒於那場東西文化問題論戰，對杜亞泉的研究一直被邊緣化。直到上個世紀 90 年代初，隨著人們對近代思想文化史的檢省，他在科學教育史上的貢獻才倍受關注。尤其是王元化先生的《杜亞泉與東西方文化問題論戰》等論文發表以後，早逝的杜亞泉才重新恢復了在近代科技史和教育史中應有的位置。〔註9〕1993 年 11 月 17 日，全國紀念杜亞泉先生誕辰 120 週年暨學術思想研討會在他的故鄉浙江上虞市舉行，隨後紹興市發行了《越中名賢——杜亞泉》的紀念封。「撥開歷史的雲煙，作為我國自然科學和教育事業的先驅者，作為一位卓有成就的科學家和教育家，杜亞泉得到了高度的評價和莊重的紀念。」〔註10〕新時期關於這位在近代科學教育史上具有深邃歷史洞見和思想智慧的先驅的研究正在悄然興起。

〔註 4〕　袁翰青：《自學有成的科學編譯者杜亞泉先生》〔N〕，香港《新晚報》，1982年 2 月 7 日，第 3 版。

〔註 5〕　袁翰青：《自學有成的科學編譯者杜亞泉先生〔N〕，香港《新晚報》，1982 年 2 月 7 日，第 3 版。

〔註 6〕　袁翰青：《自學有成的科學編譯者杜亞泉先生〔N〕，香港《新晚報》，1982 年 2 月 7 日，第 3 版。

〔註 7〕　胡愈之：〈追悼杜亞泉先生〉〔J〕，《東方雜誌》，1934 年第 1 期。

〔註 8〕　胡愈之：〈追悼杜亞泉先生〉〔J〕，《東方雜誌》，1934 年第 1 期。

〔註 9〕　王元化先生在該文中指出：「把杜亞泉看作是一位反對革新的落伍者，這種誤解要歸之於長期以來近代中國歷史上發生的急驟變化。近代歷史上的每次改革都以失敗告終。……百餘年來不斷更迭的改革運動，很容易使人認為每次改革失敗的原因，都在於不夠徹底，因而普遍形成了一種越徹底越好的急躁心態。在這樣的氣候下，杜亞泉就顯得過於穩健、過於持重、過於保守了……至今人們還是不能理解他那漸進溫和的態度。」轉引自許紀霖、田建業主編：《杜亞泉文選》，華東師範大學出版社，1993 年版，第 4～5 頁。

〔註 10〕　蘇兆瑞：〈鞠躬盡瘁尋常事〉〔J〕，《遠程教育雜誌》，1995 年第 1 期，第 37 頁。

　　杜亞泉在近代科學教育史上厥功甚偉，需要我們抱著科學、公允的態度，對其作出客觀理性的分析和全面系統的總結：在中國近代科學教育的歷史長河中，杜亞泉與中國近代科學教育之間究竟是什麼關係——扮演了什麼角色？居於什麼地位？作出了哪些貢獻？產生了哪些影響，有哪些值得當前我國科學教育可資借鑒的經驗與教益？研究「杜亞泉與中國近代科學教育」具有理論學術意義和現實應用價值。

二、研究的意義

（一）拓展教育史人物研究領域，豐富近代科學教育史研究

　　截至目前，學界對杜亞泉作了大量細緻的研究工作，取得了豐碩的研究成果。但縱觀現有的研究成果，學界將精力主要集中在對杜亞泉思想文化觀的探討上，而對其科學教育的研究則較少。也就是說，人們較多地看到了「思想文化史」上的杜亞泉，卻漠視了「科學教育史」上的杜亞泉，一個「完整」的杜亞泉尚待呈現。

　　就目前掌握的資料來看，某些著作或者論文即使涉及到了杜亞泉的科學教育問題，也僅僅散見在一些章節之中或者只是就某一項內容作了描述，缺乏對杜亞泉科學教育問題的整體性、系統性把握。〔註11〕本選題試將杜亞泉的科學教育放在整個中國近代科學教育發展的歷史長河中，作出系統考察：以近代科學教育的核心要素為切入點〔註12〕，集中探討杜亞泉與這些核心要

〔註11〕據查，截止目前尚未有關於杜亞泉科學教育研究的專著問世，現有論及其科學教育的研究成果僅散見在為數極少的著作中。例如：張彬著《浙江教育家與中國近代教育》（浙江大學出版社，2008 年 11 月版）的第五章第一、二節對杜亞泉科學教育略有論述。根據中國學術期刊全文數據庫（1979～）的最新統計數據，當前發表過的關於杜亞泉研究僅有的 80 篇論文中，涉及其科學教育問題的只是 25 篇。

〔註12〕由霍益萍、金忠明、王倫信領銜主編的「中國近代科普和科學教育研究叢書」認為，「反思中國近代科學教育的歷史，不難看到，它涉及科學教育的價值、科學教育家、科學教育對象、科學教育內容、科學傳播媒介及手段、教育場所及機構、科學教育的制度保障及社會環境等，呈現的是一個彼此鉸接、連環互動的複雜狀態。其中，價值觀念、科學教師、體制保障是科學教育的核心三要素。」（參見金忠明、廖軍和、張燕、代洪臣等著：《中國近代科學教育思想研究》，科學普及出版社，2007 年版，第 23 頁。）依據上述論斷，結合中國近代科學教育發生、發展的實際，筆者認為：中國近代科學教育的最核心的問題除了「人」（教育者和受教育者）之外，還有科學文化觀、科學教育價值觀、科學教育改革、科學傳播等，「人」是科學文化觀、科學教育價值

素——近代科學文化觀、科學教育價值觀、科學教育改革、科學傳播等之間的關係，來凸顯他在近代科學教育史上的地位和貢獻，從而為拓展教育史人物研究領域，豐富近代科學教育史研究盡綿薄之力。

（二）為當前我國科學教育的開展提供思想借鑒和理論啟示

年鑒學派倡導圍繞問題搜集資料，認為歷史學應該像其他任何科學研究一樣，起始於提出問題，落腳於解決問題。「觀古宜鑒今，無古不成今」。其問題史的研究範式顛覆了傳統敘述史的研究範式，為歷史研究注入了強勁活力。歷史研究不能脫離時代，必須具有時代精神特徵，因為歷史是現實的過去，現實是歷史的發展。人物教育史也應該注重應用性問題研究，更強調現實感。歷史研究重要的在於以現在的眼光，根據當前的問題來審視過去。英國歷史學家柯林伍德指出：「歷史學家所研究的過去不是一個死的過去，而是在某種意義下仍然活在現實中的過去。」〔註 13〕歷史研究回顧過去是為了面向未來，為現實改革服務。教育史研究要緊密地與現實結合，以史為鑒，這才是新時期教育史發展的動力。

在以知識經濟為主要特徵的 21 世紀，一個國家的綜合實力越來越多地取決於科學技術的創新程度和全體國民的文化素質，一個國家的騰飛無一例外的需要插上科學教育的翅膀。換言之，科學教育牽引著中國社會現代化的進程。〔註 14〕為加快全面建設小康社會，促進社會和諧，大力實施科教興國戰略是我國歷史的必然也是現實的需要。目前我國的科學教育雖然取得了一定的成就，但與發達國家相比還有相當大的差距，還遠遠不能滿足社會主義現代化建設的需要，這是一個十分嚴峻的現實問題，也是亟待解決的問題。透過歷史看現實，「通往明日的未知途徑常常是有反省昨日的冷峻燭光照亮的」〔註 15〕。本選題在把握杜亞泉與近代科學教育核心要素之間關係的基礎上，繼而對其理論價值和歷史影響作出實事求是的評析，深刻反思杜亞泉科學教

觀、科學教育改革、科學傳播的主體，分別與這四者之間發生關係，構成了中國近代科學教育演進史的主題。

〔註 13〕〔英〕愛德華‧霍列特‧卡爾：《歷史是什麼》〔M〕，關柱存譯，上海：商務印書館，1981 年，第 19 頁。

〔註 14〕霍益萍等：《科學家與中國近代科普和科學教育》〔M〕，北京：科學普及出版社，2007 年，第 5 頁。

〔註 15〕許紀霖：《智者的尊嚴：知識分子與近代文化》〔M〕，上海：學林出版社，1999 年，第 239 頁。

育的歷史貢獻和當代價值，從而爲當前我國科學教育的開展尋求可資借鑒的理論指導。

三、現行研究述評

關於杜亞泉與中國近代科學教育的研究，可以追溯到 1933 年 12 月 6 日杜亞泉辭世後，其親友和商務印書館故舊紛紛撰文悼念，20 世紀 90 年代初掀起研究熱潮至今，圍繞他對近代科學教育的貢獻，探討了杜亞泉與近代科學教育的勃興、科學文化觀、科學教育價值觀、科學教育改革、科學傳播等問題，稱譽他爲「自然科學編譯家、科學啓蒙者、科學教育家」，湧現了不少較有價值的學術成果〔註16〕，現綜述於下：

（一）關於杜亞泉與近代科學教育勃興的研究

1、關於近代科學教育勃興的研究

據《杜亞泉年譜（1873～1912）》考證，「清光緒二十四年（1898 年），25 歲，應紹興中西學堂監督蔡元培之聘，任該校數理教習。同年，參加主考官主持的算學考試，名列全郡第一名。此後，開始其置身於自然科學傳播和教育生涯。」〔註17〕直到杜氏抱病於 1933 年 12 月 6 日辭世的前幾日，依然伏案寫作爲止，杜亞泉的確爲近代科學教育事業奉獻了畢生心血，仔細算起來，共計 35 年，這對於他短短 60 歲的人生來說，可謂鞠躬盡瘁了。由此推知，杜亞泉所從事科學教育之際，正值世界第二次科技革命發生之時。「第二

〔註16〕 杜氏辭世後，蔡元培撰《爲杜亞泉逝世發通函》，另外其親友和商務印書館故舊紛紛撰文悼念，其中有：蔡元培的《杜亞泉君傳》、《書杜亞泉先生遺事》（《新社會》第 6 卷第 2 號），張元濟的悼念誄辭，《東方雜誌》編輯部（胡愈之撰）的《追悼杜亞泉先生》（《東方雜誌》第 31 卷第 1 號），章錫琛的《杜亞泉傳略》（教育部編第一次《中國教育年鑒》「教育名人傳略」），張梓生的《悼杜亞泉先生》（《新社會》第 6 卷第 2 號），周建人（克士）的《憶杜亞泉先生》（1934 年 2 月 2 日《申報》「自由談」）等。上文大多被收錄在《一溪集：杜亞泉的生平與思想》（許紀霖、田建業編，生活‧讀書‧新知三聯書店，1999 年版）中；當代最具代表性的研究杜亞泉思想的專著是《調適的智慧：杜亞泉思想研究》（高力克著，浙江人民出版社，1998 年版）；而收錄杜氏言論的著作，目前國內有三本：《人生智慧》（杜亞泉著，田建業編校，新星出版社，2007 年版）、《杜亞泉文選》（許紀霖、田建業編，華東師範大學出版社，1993 年版）、《杜亞泉文存》（許紀霖、田建業編，上海教育出版社，2003 年版）。

〔註17〕 陳鑪文、姚遠：〈杜亞泉年譜（1873～1912）〉〔J〕，《西北大學學報》（自然科學版），2008 年第 5 期，第 845 頁。

次科技革命，以電的發明和電力的廣泛應用為代表，為社會經濟活動開創了電氣時代，極大地推動了社會生產力的發展」〔註18〕，相應的，「這一時期科學教育的勃興也較先前發展迅猛、影響廣泛。」〔註19〕王倫信認為，「科學技術的進展進一步鞏固和拓展了它在學校教育中的地位。19 世紀後半期歐美各國大都規定了自然科學在中小學教育中的課程份額。」〔註20〕同時，晚清科學教育也如火如荼地開展起來，特別引人注目的是，有學者認為，當時我國近代科學教育進入了制度化階段。「癸卯學制」作為我國近代第一個頒佈並實行了的學制，將近代科學規定為重要的學習內容，科學教育於制度上初步確立。〔註21〕尤其是，新文化運動對「科學」的吶喊，深化了科學教育的內涵，這一深化正觸及了科學教育的實質；促使科學教育工作者將關注的焦點轉向對科學教育方法的研究和改良，對科學教育中動手和實驗的作用——養成探究習慣、培養科學精神的高度重視。〔註22〕

2、關於杜亞泉科學教育思想形成演變的研究

值近代科學教育勃興之際，杜亞泉科學教育思想的形成演變也深受時局影響。對杜亞泉科學教育思想產生重大影響的，學界認為主要有兩件大事：一是甲午中國戰敗，二是第一次世界大戰的爆發。

《一溪集：杜亞泉的生平與思想》（許紀霖、田建業編，生活・讀書・新知三聯書店，1999 年版）選載蔡元培先生的文章，指出，「君幼習舉業，謂鄉居見聞寡陋，晉郡城，從何君桐侯受業，致力於清初大家之文，上追天崇隆萬……應鄉試，報罷回鄉，覺帖括非學。效從族叔山佳治訓詁，羅致許氏學諸家書……甲午春，肄業省垣崇文書院。秋試後仍回鄉……考經解，冠闔郡。嗣又謂是學亦無裨實用，改習疇人術，由中法而西法，讀李善蘭、華衡芳二氏書。時以習代數所得，與叔山佳之習天元者相印證。」〔註23〕學界常引用杜亞泉自述的一段話，來說明其「翻然改志，絕意仕進」：「甲午之秋，中日

〔註18〕 王管石：《馬克思主義政治經濟學原理》〔M〕，北京：人民出版社，1983 年，第 283 頁。

〔註19〕 單中惠：《西方教育思想史》〔M〕，太原：山西人民出版社，2000 年，第 449 頁。

〔註20〕 王倫信：《中國近代中小學科學教育史》〔M〕，北京：科學普及出版社，2007 年，第 2 頁。

〔註21〕 單中惠：《西方教育思想史》〔M〕，太原：山西人民出版社，2000 年，第 21 頁。

〔註22〕 霍益萍等：《科學家與中國近代科普和科學教育》〔M〕，北京：科學普及出版社，2007 年，第 9 頁。

〔註23〕 蔡元培：《杜亞泉君傳》，原載《杜亞泉訃告》，開明書店，1934 年代發。

戰耗傳至內地，心知我國兵制之不足恃，而外患之將日益亟也，戚然憂之，見熱心科名之士，輒憂喜狂遽，置國事若罔聞知。於是，歎考據詞章之汩人心性，而科舉之誤人身世也。翻然改志購譯書讀之，得製造局所譯化學若干種而傾心焉，以謂天下萬物之原理在是矣。」〔註 24〕杜亞泉深受甲午戰敗刺激，萌生愛國憂患意識，漸生「講求實學而濟世救民」思想。〔註 25〕

　　1914 年第一次世界大戰爆發。高力克認為，杜亞泉科學教育思想由此發生重大轉折。「歐戰爆發後，杜亞泉對科學技術及西方現代文明的反思愈益深入，其『科技為本』的思想亦漸生轉變。在《靜的文明與動的文明》一文中，杜亞泉對以科學技術為基礎的西方現代文明之價值表示懷疑，並倡言國人改變對西方文明的盲從態度，轉而重新評判其價值。……稍後，杜亞泉撰《戰後東西文明之調和》，進一步檢省和反思西方現代科學文明之缺弊。」〔註 26〕他繼而轉引杜亞泉後裔的回憶錄作了強調，「從一個科舉出身的舊知識分子到崇拜西方科學技術的學者；又從醉心於西方文化，推崇西方物質文明轉變到反對全盤西化，主張中西融合，提倡精神文明，這是我父親思想上的兩次重大飛躍。」〔註 27〕

　　另外，高力克認為，杜亞泉科學教育思想具有「調適」性質，其思想淵源可以追溯到洛克式的英國自由主義和中國的中庸思想、陰陽學說、寬容精神和不可知論，並且指出，杜亞泉中西交融的思想特性，既表明中國思想與英倫自由主義的親和性，也規定了中國自由主義的本土思想限度。〔註 28〕

　　針對杜亞泉科學思想的兩次重大轉變，陸衛明、程瑾認為，杜亞泉思想上的第一次轉變是在 19 世紀 90 年代早期，這種轉變與他當時所處社會的政

〔註 24〕　《亞泉雜誌》，1901 年 1 月，第 5 期第 10 冊。

〔註 25〕　杜氏後裔杜其執夫婦認為，杜亞泉由「科舉」到「科學」的轉變，也深受其鄉域「崇文尚實」之風的影響，再加之自己的理想「為國家謀文化上之建設」與商務印書館「吾輩當以扶助教育為己任」的企業宗旨相契合以及對日本教育的仰慕，1906 年秋，曾偕杜海生赴日本考察教育，購日文書籍數十種而歸。另外，杜亞泉與蔡元培交往甚厚，且蔡相當推崇杜亞泉，蔡氏的科學思想對杜氏不會沒有影響。

〔註 26〕　高力克：《調適的智慧：杜亞泉思想研究》〔M〕，杭州：浙江人民出版社，1998年，第 61～62 頁。

〔註 27〕　高力克：《調適的智慧：杜亞泉思想研究》〔M〕，杭州：浙江人民出版社，1998年，第 64 頁。

〔註 28〕　高力克：《調適的智慧：杜亞泉思想研究》〔M〕，杭州：浙江人民出版社，1998年，第 1～6 頁。

治、教育、文化狀況有著極爲密切的關係。「經世致用」思想是他思想轉變的一個理論支撐；第二次轉變是在一戰前後，國粹思潮在社會較有影響，其觀點帶此蹤跡；另外，受一戰影響，一些西方學者亦開始重新審視西方文明，一股懷疑主義和相對主義思潮開始彌漫於西方社會，同時他們開始向東方文明尋求救濟。杜亞泉科學教育思想是在上述思潮的衝擊下逐步形成和發展的。〔註29〕

（三）關於杜亞泉與近代科學文化觀的研究

1、關於近代科學文化觀的研究

科學作爲文化系統中的一個子系統，在整個文化大系統中居於重要地位。科學已經融入到中國近代社會生活的各個方面，成爲近代文明與中國文化的不可或缺的重要組成部份。「任何一種文化發展到比較充分的階段，都會形成一套自身的價值觀念體系和技術、器物的體系，即文化的『形而上』和『形而下』的部份。科學文化也是如此。科學知識、科學方法、科學手段、科學組織、物化的科學成果等，都屬於科學文化的『形而下』；而科學思想、科學信念、科學精神、科學審美、科學倫理等組成的價值觀念體系，則屬於科學文化的『形而上』，或成爲科學的文化底蘊。」〔註30〕有學者指出：「近代以來，在西學東漸的過程中，科學理念深刻影響了中國的傳統文化，導致了其思想觀念的更新，使處於主流地位的倫理文化逐漸被科學文化所取代，並最終形成了完整的科學文化體系。大概分三個階段，從明清之際到新文化運動前，這是中國近代科學文化觀的萌芽時期。從新文化運動到南京國民政府建立，這是科學文化開始與人文文化相區別，走向獨立的階段。南京國民政府初期，是科學文化形成完整體系的階段。」〔註31〕段治文認爲，「近代中西文化交鋒，可以說是以科學文化爲西方整體文化的前沿對中國本土文化——倫理文化的衝擊和滲入爲線索，給我們展示了一個漸次演進的歷史過程，這就是：從對科技器物的反省與引進——爲適應科技的引進和發展而進行的對體制的變革，到運用科學精神對傳統文化的改造。在這一歷史軌

〔註29〕 陸衛明、程瑾：〈論杜亞泉的中西文化觀〉〔J〕，《廣西社會科學》，2006 年第 6 期，第 169 頁。

〔註30〕 馮向東：〈對科學文化和科學教育的思考〉〔J〕，《高等教育研究》，2003 年第 2 期，第 12 頁。

〔註31〕 郭雲：〈試論中國近代科學文化體系的進程〉〔J〕，《黑龍江教育學院學報》，2007 年第 12 期，第 1 頁。

跡中，一大批先進知識分子在科學文化的衝擊下，形成了依次嬗替的三種科學觀發展形態，即以洋務器物科學觀經維新方法論科學觀到五四啓蒙科學觀。」〔註32〕

2、關於杜亞泉科學文化觀的研究

對於杜亞泉的科學文化觀，歐陽正宇指出，從某種意義上說，杜亞泉的科學文化觀是一定程度上的實用主義表現。這種表現在他把第一次世界大戰的原因歸結爲「利器殺人」後更爲明顯，「貪黠之徒，利用科學，施其兼併侵略之技」〔註33〕。但同時杜亞泉並沒因此而停止對科學傳播工作的孜孜獻身，相反他在「五四」運動後科學編譯成績更爲顯著。杜亞泉批評西方物質文明和新文化運動的急功近利，實際上他自己對科學也作了一種功利主義的理解……杜亞泉追求科學，但他並沒有變爲「勢力主義」，只能說杜亞泉對新文化運動所提倡的功利主義的批評是欠妥的。其實，用科學武裝國民，這也正是新文化運動所追求的，只是新文化運動的科學文化觀已經超越了科學的具體涵義，而更重視科學對社會改造或建設的功能，力圖把科學的態度帶進包括精神文化特別是倫理道德的全部文化領域中，培養國民科學地認知世界和事物的求實態度和理性方法，而杜亞泉還停留在前一層次上。〔註34〕

（四）關於杜亞泉與近代科學教育價值觀的研究

1、關於近代科學教育價值觀的研究

有學者認爲，近代國人對科學教育價值的認識是逐步深化的。維新時期的知識分子在前輩思想家認識的基礎上，對近代科學的理解已大大加深，開始超越格致之學外在表現的作用，進而把握其內含的深層「命脈」；中日甲午戰爭後，國人在反思失敗的原因時，再次把教育強國作爲一項重要政策提出；在維新變法各項政策中，教育佔了相當重要的地位。科學具有雙重價值——既有外在的實用價值，又有內在的精神價值，科學教育於國家，可以救亡圖存，促進國家的繁榮富強；於個人，則可以改善生活，使個人獲得幸福。科學教育於社會，可以轉換人們的思維方式，改變社會思想觀念；於個人，可

〔註32〕 段治文：〈近代中國科學觀發展三形態〉〔J〕，《歷史研究》，1900 年第 6 期，第 26 頁。

〔註33〕 杜亞泉：〈戰後東西文明之調和〉〔J〕，《東方雜誌》，1917 年第 4 期。

〔註34〕 歐陽正宇：〈杜亞泉的科學教育思想及成就〉〔J〕，《甘肅社會科學》，2002 年第 5 期，第 153 頁。

以發達人的精神，促進個體精神的發展。〔註 35〕又有學者指出，近代中國在引進科學的過程中，國人對「僅從工具價值的角度認識科學的意義」，把科學作爲一種富國強兵的工具，首先關注的是科學與技術的實用價值。從維新運動時期開始，嚴復等認識到，科學除救亡價值外，對人的思想方面也有塑造價值，到「五四」以後，某些知識分子對科學的精神價值則深信不疑，甚至達到信仰的地步。這兩種傾向都有偏頗。〔註36〕

2、關於杜亞泉科學教育價值觀的研究

談及杜亞泉的科學教育價值觀，有人認爲杜亞泉關於科學教育價值的思想有一個漸變過程，起初篤信「科學救國」，後來主張「一審文明眞價值之所在，以使西方文明與中國傳統文化相結合爲最後目標」。

陳鑑文、姚遠指出，《〈亞泉雜誌〉序》最能較完整地體現出杜亞泉對科學價值的認識。「但政治與藝術之關係，自其內部言之，則政治之發達，全根於理想，而理想之眞際，非藝術不能發現。自外部觀之，則藝術者固握政治之樞紐矣。航海之術興，而內治外交之政一變；軍械之學興，而兵政一變；蒸汽電力之機興，而工商之政一變；鉛印石印之法興，士風日闢，而學政亦不得不變。且政治學中之所謂進步，皆借藝術以成之。……且吾更有說焉：設使吾國之士，皆熱心於政治之爲，在下則疾聲狂呼，赤手無可展布，終老而成一不生產之人物；在朝則競爭衝突，至不可終日，果如是，以毋寧降格以求，潛心實際，熟悉技能，各服高等之職業，獨爲不敗之基礎也……二十世紀者，工藝時代。吾恐我國之人，囂囂然爭進於一國之中，而忽爭存於萬國之實也。苟使職業興而社會富，此外皆不足憂。文明福澤，乃富強後自然之趨勢。天下無不可爲之事，惟資本之缺乏爲可慮耳，吾願之留意焉。亞泉學館輯《亞泉雜誌》，揭載格致算化農商工藝諸科學，其目的蓋如此。」〔註 37〕這段文字反映了杜亞泉對科學技術與現代政治之間關係的認識。他將科學技術用「藝術」一詞表示，可能取其「工藝之術」之意，即「技術」之意，與現在「藝術」一詞的含義不同。他認爲一個國家的政治固然很重要，但政治的發達與科學技術是息息相關的，科學技術的發展是政治發達的基

〔註35〕霍益萍等：《科學家與中國近代科普和科學教育》〔M〕，北京：科學普及出版社，2007 年，第 7 頁。

〔註36〕金忠明：《中國近代科學教育思想研究》〔M〕，北京：科學普及出版社，2007年，第 23～24 頁。

〔註37〕杜亞泉：《〈亞泉雜誌〉序》〔J〕，《亞泉雜誌》，1900 年第 1 期。

礎。〔註38〕

同時，有學者認為，《〈亞泉雜誌〉序》是其科學救國思想的突出反映，表達了杜亞泉早期的科學觀——將科學技術歸為政治的基礎及其進步的動力，並將科學技術的進步視為中國富強的治本之策。從《〈亞泉雜誌〉序》不難看出，杜亞泉早期對於科學技術的看法基本上是正面的，他對於科學救國的前景也是樂觀的。〔註39〕

與此相呼應，傅麗紅、歐陽正宇均認為，《〈亞泉雜誌〉序》「可以說是最早的『科學救國論』了，這種科學決定政治、科學決定社會其他方面的觀念，是對當時『中學為體西學為用』的一種鮮明批判。」〔註40〕「更可貴的是，杜亞泉還把科學技術之普及與政治制度之革新聯繫起來，認為政治發達，必須由科技來實現，『自其內部言之，則政治之發達，全根於理想，而理想之真際，非藝術不能發現。自外部觀之，則藝術者固握政治之樞紐矣』。這顯然是對『中體西用』論的批判。」〔註41〕

高力克先生認為，由清末到民初，杜亞泉的科學觀經歷了顯著的變化。其早年熱心倡導科學，民初轉而對科學技術持審慎反思的態度，並主張科學技術與精神文明的調和。他指出，《〈亞泉雜誌〉序》足以顯示出杜亞泉樂觀的科學救國信念，待到主持《東方雜誌》筆政後，發表長文《精神救國論》、《命運說》，他已經將社會關懷的重心轉向精神文明，尤其是歐戰爆發後，杜亞泉對科學技術及西方現代文明的反思愈益深入，其「科技為本」的思想漸生轉變。在《〈工藝雜誌〉序》中，杜亞泉例舉了諸多西方「工藝之流毒」，敘述了其在工藝問題上的思想變化，進而檢省了工藝及西方現代工業文明的困境，改變了其早年過於信賴科學技術的觀點，而認識到：科學技術僅為工具理性的手段，現代人類若不善加利用之，則科技的進步有能給人類文明帶來災難性的負面影響。〔註42〕

〔註38〕 陳鏡文、姚遠：〈杜亞泉年譜（1873～1912）〉〔J〕，《西北大學學報》（自然科學版），2008 年第 5 期，第 846 頁。

〔註39〕 高力克：《調適的智慧：杜亞泉思想研究》〔M〕，杭州：浙江人民出版社，1998年，第 60 頁。

〔註40〕 傅麗紅：〈杜亞泉：致力於科學傳播的啟蒙學人〉〔J〕，《今日浙江》，2006 年第 13 期，第 60 頁。

〔註41〕 歐陽正宇：〈杜亞泉的科學救國思想及成就〉〔J〕，《甘肅社會科學》，2002 年第 5 期，第 153 頁。

〔註42〕 高力克：《調適的智慧：杜亞泉思想研究》〔M〕，杭州：浙江人民出版社，1998

（五）關於杜亞泉與近代科學教育改革的研究

1、關於近代科學教育改革的研究

有學者指出，中國近代科學教育的發展，是與相應的體制變革及構建分不開的。從戊戌變法開始，中國教育界出現了如下一系列重大改革：1898 年創辦京師大學堂、1896 年起，政府制定一系列政策鼓勵學生到日本和歐美等過留學、1902～1904 年，中國模仿西方正式建立起新式學校制度、1905 年中國宣佈廢除科舉制度、1909 年中國政府接受美國政府退回的「庚子賠款」多餘部份，將其用於資助中國青年學生去美國留學……任何一種思想只有落實到制度層面上才具有更廣泛的社會推廣效果。中國 20 世紀前半葉，科學教育思想在學制的推動下漸次深入正是一個有力的證明。〔註 43〕

2、關於杜亞泉科學教育改革觀的研究

那麼，面對近代科學教育改革，杜亞泉又是如何應對的呢？學界從其國民教育改造觀入手，探討了他對科學教育體制改革和科學教育目標的看法。

歐陽正宇認爲，杜亞泉是十分讚揚改革的，其改革思路是：改革社會應先提高國民素質與覺悟，再次以普及國民教育爲宗旨，改革科學教育體制，提出了「科學的『勞動家』的培養目標；這種科學教育改革思想是與教育救國論息息相關的，並給予杜亞泉的改革思想以公允的評價：杜亞泉所從事的是一種鋪路搭橋式的建設型教育，它的穩健性和堅定性同樣是新社會的營養劑和催生劑。〔註 44〕

徐木興認爲，杜亞泉的科學教育改革思想具有如下特徵，國民教育爲社會改革的根本，對國民實施科學教育重在改造國民性，科學教育應倡導教育普及體制改革。杜亞泉科學教育改革思想的一大顯著貢獻是：從國民性格的深層結構來探尋國家積貧積弱的內在原因，探求救國救民的途徑，以深刻的民族自省衝擊了頑固派的民族偏見，標誌著近代科學教育思想發生了質的飛躍，屬於追求人的現代化的進步思潮。〔註 45〕

年，第 58 頁。

〔註43〕 王倫信：《中國近代中小學科學教育史》〔M〕，北京：科學普及出版社，2007年，第 21 頁。

〔註44〕 歐陽正宇：〈杜亞泉的教育救國思想及成就〉〔J〕，《西北師大學報》（社會科學版），2003 年第 1 期，第 28～31 頁。

〔註45〕 徐木興：〈杜亞泉國民教育思想研究〉〔J〕，寧波大學學報（教育科學版），2009年第 2 期，第 32～36 頁。

（六）關於杜亞泉與近代科學傳播的研究

1、關於近代科學傳播的研究

近代科學傳播是一個複雜的工程，它涉及到諸多方面的問題：主體（由誰實施科學傳播）、場所（在哪裏進行科學傳播，即傳播地點）、內容（傳播什麼）、對象（向誰傳播）、方式（如何傳播）等等。

有學者指出，擔當我國近代科學傳播的重任由三個層次的群體構成：在和西方傳教士合作翻譯「西書」的過程中，自學成材的科學先驅、在清政府派遣的留美幼童和留歐學生中，成長起來的科技新秀、1896 年開始的「留日」大潮中哺育的一批更爲年輕的懂得「西藝」的學生。「這三個層次的新人才構成了中國近代科學家的早期群體，也初步構成了中國近代科學教育及傳播事業的主體力量，他們承擔著科學世界的探索者，高校科學教育的主事者和科學普及傳播潮中的領航者角色。」〔註 46〕路甬祥認爲，近代科學傳播的主體力量是在 1918 年後隨著中國科學社搬遷國內和大批留學生陸續學成歸國，近代科學家隊伍開始形成。〔註 47〕其後，科學傳播的主體轉向科技團體，「民國時期（不含革命根據地）共有科學技術團體 117 個，其中 1922～1929 年成立的有 23 個，1930～1939 年成立的有 64 個。」〔註 48〕在諸多著作和論文中，學界一致認爲，近代科學傳播的核心場所是學校，尤其是高等學校，此外還包括科技館、圖書館、博物館、民眾教育館等。學校在推進科學傳播方面起著引領作用。任鴻雋在 1939 年 6 月發表的《科學教育與抗戰救國》一文中，對科學傳播內容作了較爲明確的分析，「第一種是普通理科課程，第二種是技術科目，第三種是『社會教育中之科學宣傳』」〔註 49〕關於科學傳播內容的論述，有人還從清末學堂章程中作了探討，涉及到了「理科」科目。近代科學傳播所關注的對象，樊洪業、王揚宗認爲，起初爲一批「開眼看世界的」知識分子、西學愛好者，留學生、新式學堂學生，後來在「喚起民眾」的呼籲下，科學傳播的對象從知識分子、青年學生慢慢擴展到普通民眾和兒童，逐

〔註 46〕金忠明：《中國近代科學教育思想研究》〔M〕，北京：科學普及出版社，2007年，第 9 頁。

〔註 47〕路甬祥：〈中國近現代科學的回顧與展望〉〔J〕，《自然辯證法研究》，2002 年第 8 期，第 2 頁。

〔註 48〕何志平：《中國科學技術團體》〔M〕，上海：科學普及出版社，1990 年，第11 頁。

〔註 49〕任鴻雋：〈科學教育與抗戰救國〉〔J〕，《教育通訊》，1939 年第 2 期，第 22 頁。

漸下移到社會基層。〔註50〕關於科學傳播的方式，王建輝的研究結論是最具代表性的觀點：「科學教育救國的實現形式在那個時代最好的途徑就是出版，而出版的內容莫過於期刊和圖書。」〔註51〕

2、關於杜亞泉科學傳播的研究

杜亞泉作爲中國近代著名的科學編譯家，科學傳播是其科學教育活動的主題。在《杜亞泉先生年譜（1873～1912）》中，陳鐘文、姚遠指出，杜亞泉先後自辦亞泉學館、普通學書室，在先後在紹興中西學堂、浙江南潯潯溪公學、越郡公學、愛國女校、速成小學師範講習所、新中華書院執教授課，傳播科學。〔註52〕學界著力從期刊編輯和自然科學書籍編纂兩個方面來探討杜亞泉在近代科學傳播中的表現。

（1）期刊編輯

杜亞泉一生自辦和主編的期刊有《亞泉雜誌》（自辦）、《普通學報》（自辦）、《中外算報》（主編）、《科學世界》（主編）、《東方雜誌》（主編）。

學界首先對杜亞泉自辦的《亞泉雜誌》給予了特別關注和高度評價，原因是該刊屬於我國第一份由國人自辦的綜合性自然科學期刊。隨後對其貢獻作了描述，從而透視出杜亞泉的辦刊理念。「亞泉雜誌，1900年在上海出版，杜亞泉主編，亞泉學館發行，是中國人自辦科學雜誌最早一種。」〔註53〕「一九〇〇年（光緒二十六年）亞泉學館出版《亞泉雜誌》，爲國人自編科學雜誌最早一種。」〔註54〕

以謝振聲的《我國最早的化學期刊——〈亞泉雜誌〉》爲代表，學界將《亞泉雜誌》的歷史貢獻概括爲五點：最早將化學元素週期律和原子——分子學說介紹給國內讀者、或首次或更系統地向國人介紹世界上新發現的元素、杜亞泉先生爲一些新發現的元素首創了中文譯名、介紹化學分析法，重視化學實驗、介紹化學在日常生活中的應用，爲傳播普及化學知識做了不少有益的

〔註50〕 樊洪業、王揚宗：《西學東漸：科學在中國的傳播》〔M〕，長沙：湖南科學技術出版社，2000年，第189頁。

〔註51〕 王建輝：〈科學編輯杜亞泉〉〔J〕，《出版廣角》，2000年第6期，第56頁。

〔註52〕 陳鐘文、姚遠：〈杜亞泉年譜（1873～1912）〉〔J〕，《西北大學學報》（自然科學版），2008年第5期，第845頁。

〔註53〕 張子高、楊根：〈介紹有關中國近代化學史的一項參考資料——〈亞泉雜誌〉〉〔J〕，《化學通報》，1965年第1期，第55頁。

〔註54〕 資料信息源自《中國出版大事年表》（第二編）。

工作。〔註 55〕蘇力、姚遠提到，「除了化學譯著外，《亞泉雜誌》還發表了一些化學講演稿，如《化學奇觀》和《論物質的融合》即屬此類。杜亞泉將西方的科學演說形式引入我國，並將其演說稿發表於科學雜誌，這無論從科學交流傳播方式的創造上，還是從科學雜誌創新稿源體裁上來看，都具有積極地意義。……另外，該刊第 10 期的《日本太陽雜誌工業摘錄》，就『日本著名之《太陽雜誌》中所輯工業世界，載近世新發明之理』，特別是就『近年雜誌中摘錄若干，以備留心工業之採摘』。這種做法，無疑是科學雜誌中科技文摘的創始。」〔註 56〕

王建輝認為，「在我國科技出版的草創期，杜亞泉將「為國家謀文化上之建設」為理想，與張元濟「以扶助教育為己任」、「昌明教育」的宏願相契合，將自己的中西文化融合理念融入到期刊編輯中，表現出了溫和漸進的啟蒙特色。」〔註 57〕李靜指出，「杜亞泉在擔任《東方雜誌》主編期間，對雜誌進行「大改良」，將自己已經完成轉型的建立在科學認知基礎上的文化理念滲透在其編輯實踐之中，努力將《東方雜誌》打造為立足於民間的啟蒙思想傳播的文化言論空間，體現了借助一份刊物通過輿論陣地參與中國文化轉型進程的價值立場與崗位意識。這一點無疑適應了王綱解紐時代逐漸脫離了傳統士人生活方式的知識分子的精神需求，使《東方雜誌》在一段時期獲得了巨大的聲譽。」〔註 58〕

陳鏡文、姚遠、曲安京強調，從杜亞泉所編辦的《亞泉雜誌》、《普通學報》和《東方雜誌》來看，其科技傳播思想是一脈相承的。《普通學報》是《亞泉雜誌》的續刊，其內容依然偏重於理化，設 8 個欄目：包括經學科、史學科（中外歷史、地理）、文學科、算學科、格物學科、博物科、外國語學科、學務雜誌。《東方雜誌》經杜亞泉「大改良」後，新增了理化、博物（植物學、動物學、礦物學）、農、工等，這顯然是杜亞泉自《亞泉雜誌》和《普通學報》（包括後續的《科學世界》）以來的辦刊風格的延續。也就是說，杜亞泉大膽

〔註 55〕謝振聲：〈我國最早的化學期刊──〈亞泉雜誌〉〉〔J〕，《新聞研究資料》，1987年第 3 期，第 197～201 頁。

〔註 56〕蘇力、姚遠：〈中國綜合性科學期刊的嚆矢──〈亞泉雜誌〉〉〔J〕，《編輯學報》，2001 年第 5 期，第 259～260 頁。

〔註 57〕王建輝：〈科學編輯杜亞泉〉〔J〕，《出版廣角》，2000 年第 6 期，第 56 頁。

〔註 58〕李靜：〈杜亞泉與〈東方雜誌〉〉〔J〕，《青海社會科學》，2007 年第 4 卷第 4 期，第 197 頁。

吸納西學並積極地傳播和應用，其科學救國主張始終貫穿在他所從事的傳播活動中。〔註59〕

（2）自然科學書籍編纂

杜亞泉所主持編纂的自然科學書籍可分爲兩大類，一類是教科書（包括內含自然科學內容的普通教科書），一類是工具書。

據王雲五在爲《小學自然科詞書》作序時稱，經杜亞泉負責編輯的教科書不下百餘種之多，其範圍從初小到高中以及師範學校；內容包括動物、植物、礦物（三者有時合稱爲博物），數學、物理、化學、生理及農業。〔註60〕從教科書來看，李洪河、祁森林認爲，杜亞泉所編輯的《文學初階》講述的科學知識的廣度和通俗性，是當時課本所僅有的。該教材注重運用兒童身邊常見的淺近事物來做認字課文和內容，並漸次穿插各科淺近知識、倫理修身，也有激勵發憤讀書學藝以振興中國的內容。如果說商務印書館後來編的《最新國文教科書》是我國第一部較爲成熟和影響較大的教科書的話，那麼《文學初階》是在此之前的一個重要階梯。〔註61〕

杜亞泉所編著的自然科學工具書共計三部：《植物學大辭典》、《動物學大辭典》、《小學自然科詞書》，其中前兩部被譽爲「尤爲科學界空前巨著」〔註62〕，受到諸多讚譽，至今仍被我國各大圖書館所收藏和保留。〔註63〕但學界未曾就其編纂理念作出一些分析，目前僅能從余望所撰的《探析杜亞泉的科技編輯思想與貢獻》一文中稍得一些啓示。余指出，杜亞泉的科技編輯思想以下幾點值得注意：致力於科學知識的傳播，「爲國家謀文化上之建設」、不趨時媚俗，主張西方文化的調和折中、堅持「古爲今用、洋爲中用」的原則、注意科技出版用語的規範化表達等。〔註64〕此外，從周武所撰的

〔註59〕陳鎰文等：〈杜亞泉主編的 3 刊及其科學傳播實踐〉〔J〕，《編輯學報》，2009年第 2 期，第 76 頁。

〔註60〕資料源自王雲五爲商務印書館 1934 年《小學自然科詞書》作序。

〔註61〕李洪河：〈杜亞泉科學文化教育活動探略〉〔J〕，《河南教育學院學報》（哲學社會科學版），2000 年第 3 期，第 51 頁。

〔註62〕胡愈之：〈追悼杜亞泉先生〉〔J〕，《東方雜誌》，1934 年第 1 期。

〔註63〕蔡元培曾稱讚道：「吾國近出科學辭典，詳博無逾於此矣。」時任蘇州東吳大學生物系主任的美國科學家祁天賜也認爲：「自有此書之作，吾人於中西植物之名，乃得有所依據，而奉爲指南焉。」（材料源自《植物學大辭典》序文，商務印書館，1918 年版。

〔註64〕余望：〈探析杜亞泉的科技編輯思想與貢獻〉〔J〕，《中國科技期刊研究》，2007年第 3 期，第 537～540 頁。

《爲國家謀文化上之建設——杜亞泉與商務印書館》一文中搜集到的杜亞泉在編纂《小學自然科詞書》時的自述中得到一些蛛絲馬蹟。「小學有了理科或自然科的課程，已經幾十年，而國民於自然科學的常識絕少進步。其原因不止一端，但是小學教師參考資料之短缺，和小學生補充讀物之不足，使教者和讀者都呆守著一本教科書，既感興趣的貧乏，又沒有考證和旁通的機會。在這種情況下，自然科學的常識不易進步，自係當然的結果。現在關於小學生的補充讀書，如兒童理科叢書，少年自然科學叢書等，陸續印行，爲數似尚不少，而可供小學自然科學教師用的參考書還是沒有。因此，便決定編著一部專供小學教師用的小學自然科詞書，以補此憾。」〔註65〕繼而周武指出，該書收集自然科學詞匯2000餘條，包括自然科學、天文學、氣象學、物理學、化學、礦物學、地質學、地文學、生物學、植物學、動物學、醫學、生理學、衛生學、工程學、農業、森林、化工、製造、建築、攝影術、遊戲、食品等23類，書末附有四角號碼索引、西文索引、分類索引。全書近90萬字，內容極爲豐富、實用，是一部深入淺出的極具參考價值的小學自然科教師用書。〔註66〕

四、目前研究的不足和亟待探討的問題

上述關於「杜亞泉與中國近代科學教育」的研究成果，無論從材料的梳理，還是觀點的提煉，都爲我們進一步作出研究提供了借鑒和啓示，奠定了理論基礎。但從研究深度和視角來看，仍存在某些缺陷：

首先，對杜亞泉科學教育自身發展演變的脈絡研究乏力，沒有結合他的治學經歷，將其放在當時整個國際國內科學教育時局發展的全景下來探討其產生的動因，杜亞泉科學教育的歷史背景尚需補充。

其次，缺乏對杜亞泉與中國近代科學教育之間關係的全面闡釋，沒有將其放在整個中國近代科學教育發展的全程中，包括商務印書館館史、中國近代科技出版史中來定位其角色。因爲杜亞泉一生中的科學教育實踐絕大部份是在商務印書館中度過的，杜亞泉所從事的科學傳播事業與中國近代科技出版業也息息相關。另外，杜亞泉所從事的科學教育與他人有何異同，只有經

〔註65〕轉引自謝振聲：《杜其堡先生事略》，《商務印書館官史資料》第35期，第5頁。

〔註66〕周武：〈爲國家謀文化上之建設——杜亞泉與商務印書館〉〔J〕，《檔案與史學》，1998年第4期，第49頁。

過縱橫比較，才能甄別，方能顯其科學教育的特質和精髓。也就是說，以中國近代科學教育的核心要素爲切入點，集中討論杜亞泉與這些問題的關係，使杜亞泉科學教育這一「局部」的特徵在中國近代科學教育史的「整體」中顯現出來。

再次，僅僅側面通過杜亞泉的科學教育活動和世人的評價來探討其科學教育，尚不能眞正把握這一問題的實質，尤其是杜亞泉科學教育的理論價值，它不僅僅體現在當時，而且還影響著後世、當世。爲此，必須將眼光放到歷史與現實的結合上，全面系統地加以論析。

總之，對杜亞泉科學教育的研究尚需深挖掘、再拓展，一部從「杜亞泉與中國近代科學教育」這種「關係」的視角來全面、系統闡釋其科學教育的專著亟待問世。

貳、從批判文化激進主義看杜亞泉的科學啓蒙觀

摘要：作爲一個科學啓蒙者，杜亞泉站在新文化運動的對立面，對中國近代這場最偉大的啓蒙運動作了深刻批判，從而彰顯出冷峻的睿智和理性的風格。他認爲，建基於具體科學知識和科學方法之上的科學才是眞正的科學；科學可以救國，但對科學應持審愼反思的態度，重建現代文明需要科學與道德相融合；要科學地對待傳統；爲陶鑄「科學的勞動家」，科學啓蒙重在建設。杜亞泉以對新青年派科學主義僭妄的矯正，開創了一條迴異於文化激進主義的「溫和漸進式」的「另一種」啓蒙。

關鍵詞：杜亞泉；科學啓蒙；溫和漸進；新文化運動；批判

杜亞泉（1873～1933），原名煒孫，字秋帆，別號亞泉，又署高勞、傖父。浙江紹興會稽縣傖塘鄉（今上虞市傖塘鎭）人，中國近代著名的啓蒙思想家，畢生致力於科學傳播事業，被尊爲近代「中國科學界的先驅」〔註1〕。然而在中國近代最偉大的科學啓蒙運動——新文化運動最爲高漲的時候，時主《東方雜誌》筆政的杜亞泉卻站在了對立面，同以陳獨秀爲代表的新青年派直接進行理論爭論。細究起來，作爲一個一生致力於科學傳播且成績卓著的科學

〔註1〕 胡愈之：〈追悼杜亞泉先生〉〔J〕，《東方雜誌》，1934 年第 1 期。

啓蒙者，杜亞泉所批判的不是科學啓蒙事業，而是新文化運動的「激進做法」
〔註2〕，其科學啓蒙思想的理性睿智和穩健風格由此昭然若揭。

一、什麼是眞正的科學

　　從對科學的理解和實際運用來看，陳獨秀等新青年派把科學當作一種新
的社會或者宇宙哲學，他們所看重的並非科學本身或者科學理性，而是科學
所衍生出來的倫理的、政治的或者社會的含義。儘管陳獨秀對科學也有十分
精當的定義：「科學者何？吾人對於事物之概念，綜合客觀之現象，訴之主觀
之理性而不矛盾之謂也」〔註3〕，強調理性、客觀和實證，而在實踐中卻背離
了科學原則，僅僅在科學的名義下推崇諸如社會達爾文主義、孔德實證主義
和馬克思主義等社會理論或者非理論形態的社會思潮。「個人主義，乃希臘、
羅馬遺傳之思想，至近今而大昌。一變爲達爾文之物競學說，再變爲尼采之
超人論，三變爲德意志之軍國主義，皆此思想之遞蛻也。」〔註4〕在此，個人
主義借用了達爾文學說的名義，堂而皇之成爲了科學，而陳獨秀卻並未直接
說：「個人主義＝達爾文學說＝科學」，但他實際上讓個人主義打了科學的牌
子。「如果我們把科學理論可能推演出的種種含義說成是科學理論本身，又簡
單地以爲某種科學理論就等於科學，那就一切主義就能夠等同於科學了。」
〔註5〕新青年派正是以哲學或者政治的標準衡量科學自身，以哲學或政治判別
代替科學討論。

　　科學的本質在於科學精神，而將科學精神注入中國文化離不開具體科學
知識和科學方法的掌握。「科學這種文化新要素的力量雖表現爲科學精神和科
學原則，卻依靠科學方法來保證；而科學方法本身則置身於具體的科學知識
體系建立過程之中，依靠科學知識的實踐去保證。換句話說，如果離開具體
科學知識，科學方法便是空中樓閣；離開科學方法去談論科學精神，便只是
販賣江郎貨色。這樣，任何反科學、反文明都可以打著科學的旗號行事。」
〔註6〕杜亞泉對新青年派遠離科學的空洞、玄虛和浮躁之風深不以爲然，「知

〔註2〕 任元彪：〈面對西方科學的衝擊：杜亞泉回應方式〉〔J〕，《科學文化評論》，
　　　　2006 年第 2 期。
〔註3〕 陳獨秀：〈敬告青年〉〔J〕，《青年雜誌》，1915 年第 1 期。
〔註4〕 陳獨秀：《陳獨秀文章選編》〔M〕，北京：三聯書店，1984 年，第 195 頁。
〔註5〕 任雲彪：《啓蒙者對啓蒙運動的批判》〔M〕∥許紀霖、田建業：《一溪集：杜
　　　　亞泉的生平與思想》，北京：三聯書店，1999 年，第 117 頁。
〔註6〕 任雲彪：《啓蒙者對啓蒙運動的批判》〔M〕∥許紀霖、田建業：《一溪集：杜

識明敏感情熱烈者，常爲革新之魁；至知識蒙昧感情熱烈者，表面上爲革新之先鋒，而淺嘗浮慕，宗旨恒不堅定，或轉爲守舊者之傀儡，今之所謂暴亂派是已。」〔註7〕他在離任《東方雜誌》之際，曾痛惜道：「吾以爲今日之主張一切舊習慣者，實因其心意中並未發生新思想之故」〔註8〕，對打著科學的招牌卻違背科學原則的「隨意揮殺」作了鞭闢入裏的揭示。

顯而易見，儘管杜亞泉並未對科學作出自己明確的界定，但從他對新青年派的批判中，足見其倡導建基於具體科學知識和科學方法之上的科學，才是眞正的科學。誠然，在民族危機日益加劇的情勢下，新青年派高舉「科學」大旗固然有其適合時代潮流的「深刻性」。「五四」一代知識分子用「科學」的精神打破「宗法上、政治上、道德上自古相傳的虛榮、欺義、不合理的信仰」，是先進的中國人向西方資本主義國家尋求眞理、探索中國致富致強之道所達到的最高成果，也是對此前的啓蒙要求的總結，眞切地反映了「辛亥」後的時代焦渴與需求，因而成爲五四時期意識形態領域裏橫掃愚昧的所向披靡的旗幟，對中國人起了振聾發聵的思想大啓蒙、精神大解放的作用，爲建立近代國家、近代民族和做一個近代人找到了奮鬥目標。〔註9〕但他們的「科學」內涵也不乏「片面性」。救亡必然壓倒啓蒙，並在一定程度上使啓蒙之路變得更加艱難漫長。

二、如何評估科學的價值

中國的科學啓蒙可以說是與其近代化同步的。自從地主階級改革派提出「師夷長技以制夷」以來，睜眼看世界，擺脫根深蒂固的夷夏觀念，就日益成爲國人邁向近代化的理論先導，「以器物的形式承擔了直接的啓蒙使命，它不僅衝撞了舊物，而且刺激了觀念形態的新陳代謝。」〔註10〕從洋務官僚引進科技，創辦實業以「自強」和「求富」，直至康梁等維新派宣傳進化論，以求變法，再到陳獨秀等新青年派試圖通過科學態度和科學精神的倡導，以改造國民性，體現出一種明確的共同傾向：關注其經世致用的功利價值，即科學的外在價值，把科學當作解決問題的「工具庫」〔註11〕，杜亞泉也不例外，

亞泉的生平與思想》，北京：三聯書店，1999年，第117頁。
〔註7〕 杜亞泉：〈再論新舊思想之衝突〉〔J〕，《東方雜誌》，1916年第13期。
〔註8〕 杜亞泉：〈何謂新思想〔J〕〉，《東方雜誌》，1919年第16期。
〔註9〕 陳旭麓：〈「戊戌」與啓蒙〉〔J〕，《學術月刊》，1988年第10期。
〔註10〕 陳旭麓：〈「戊戌」與啓蒙〉〔J〕，《學術月刊》，1988年第10期。
〔註11〕 丁鋼：《全球化視野中的中國教育傳統研究》〔M〕，桂林：廣西師範大學出版

起初就力倡科學救國。

（一）樂觀的「科學救國論」

甲午戰敗，中華民族危機大大加深。滿懷愛國憂患意識的杜亞泉決定「求實學、濟天下」，於 1900 年創辦《亞泉雜誌》，在《亞泉雜誌・序》中疾呼「科學救國」：「政治與藝術之關係，自其內部言之，則政治之發達，全根於理想，而理想之眞際，非藝術不能發現。自外部觀之，則藝術者固握政治之樞紐矣。航海之術興，而內治外交之政一變；軍械之學興，而兵政一變；蒸汽電力之機興，而工商之政一變；鉛印石印之法興，士風日闢，而學政亦不得不變。且政治學中之所謂進步，皆借藝術以成之」〔註12〕，坦言科技與政治的關係：科技是政治的基礎，科技進步爲國家富強的根本。這就與嚴復所倡導的「有用之效，徵之富強，富強之基，本諸格致」〔註13〕的思想一脈相承，可謂「科學救國」的先聲，無疑給當時風行一時的「政本藝末」論當頭一棒，表明杜亞泉已從「中體西用」的拘囿中走了出來，堪爲獨具慧眼。

誠然，杜亞泉把科學作爲救國的工具，關注其「經世致用」的功利價值，這就對科學作了淺層次的解釋，屬於「器物科學觀」的範疇。錢智修對此作過明確的解釋：「功利主義之評判美德，以適於適用與否爲標準。功利主義之學術，以應用爲前提矣。」〔註14〕杜亞泉批評新文化運動急功近利，實際上他自己對科學也作了一種功利主義的解釋，卻在自覺不自覺之中把科學當作富國強民的經濟手段。〔註15〕陳獨秀曾反擊道：「功利主義與圖利貪功，本非一物」〔註16〕，「《東方》記者『是』誤以貪鄙主義爲功利主義」〔註17〕，「不明功利主義之價值及其在歐美文明史上之成績」〔註18〕。其實，文化激進主

社，2009 年，第 164～174 頁。

〔註12〕 杜亞泉：〈亞泉雜誌・創刊號〉〔J〕，《亞泉雜誌》，1900 年第 1 期。

〔註13〕 嚴復：《救亡決定論》〔M〕//吳雁南、馮祖貽、蘇中立：《中國近代社會思潮》，福州：福建人民出版社，1990 年，第 323 頁。

〔註14〕 錢智修：《功利主義與學術》〔M〕//陳崧編：《五四前後東西文化問題論戰文選》，北京：中國社會科學出版社，1985 年，第 48 頁。

〔註15〕 歐陽正宇：〈杜亞泉的科學救國思想及成就〉〔J〕，《甘肅社會科學》，2002 年第 5 期。

〔註16〕 陳獨秀：《再質問〈東方雜誌〉記者》〔M〕//陳崧編：《五四前後東西文化問題論戰文選》，北京：中國社會科學出版社，1985 年，第 89 頁。

〔註17〕 陳獨秀：《再質問〈東方雜誌〉記者》〔M〕//陳崧編：《五四前後東西文化問題論戰文選》，北京：中國社會科學出版社，1985 年，第 75 頁。

〔註18〕 陳獨秀：《再質問〈東方雜誌〉記者》〔M〕//陳崧編：《五四前後東西文化問

義者的科學觀已經超越了科學的具體涵義，而更重視科學對社會改造或建設的功能，力圖把科學的態度帶進包括精神文化特別是倫理道德的全部文化領域中，培養國民科學地認知世界和事物的求實態度以及理性方法。由是觀之，杜亞泉對對方的責備是欠妥的。〔註 19〕當然，這也是「救亡圖存」之需所使然。「道咸以後，吾國屢挫於外，舉國人士，以舊之不足恃，群思變法，汲汲以輸入西學爲務。其目的不在科學本體，而在製鐵船造火器，以制勝強敵，謀富強救國之策。」〔註 20〕鴉片戰爭以後，西方的「堅船利炮」成爲一種征服性的強悍文化，它意味著進步，這種進步被認爲是科技的結果，於是科技成爲進步的象徵，這就很自然地使國人把關於目的的價值問題轉換成關於（達到那些目的的）手段的價值問題，即價值的工具化。擺脫列強束縛、屹立於強國之林的「民族的自由」是中國特色「現代性方案」的首要課題。〔註 21〕

杜亞泉辭世後，胡愈之對其「藝重於政」的思想作了評價：「這是三十五年前所作的文字，在那時先生已揭發生產技術決定了政治和社會關係。單從這裡，就可知先生是怎樣的一個前進的學者了。」〔註 22〕毋庸置疑，杜亞泉早期對於科學救國抱以樂觀的態度。但是，隨著時間的推移，他的科學觀漸生轉變。「從一個科舉出身的知識分子到崇拜西方科學技術的學者；又醉心於西方文化，推崇西方物質文明轉變到反對全盤西化，主張中西融合，提倡精神文明，這是我父親思想上的兩次重大飛躍。」〔註 23〕杜亞泉由樂觀的「科學救國論」逐步轉向對科學技術持審愼反思的態度。

（二）理性的科學價值觀

杜亞泉認爲，人類的科學認知能力是有限的：「故萬有包含於無極之中，而吾於無極之內，截取其地段若干，而立爲太極。人類所取之太極，即在人

　　　題論戰文選》，北京：中國社會科學出版社，1985 年，第 89 頁。
〔註 19〕歐陽正宇：〈杜亞泉的科學救國思想及成就〉〔J〕，《甘肅社會科學》，2002 年第 5 期。
〔註 20〕張準：《科學發達略史》〔M〕//舒新城：《近代中國教育思想史》，北京：中華書局，1932 年，第 279 頁。
〔註 21〕丁鋼：《全球化視野中的中國教育傳統研究》〔M〕，桂林：廣西師範大學出版社，2009 年，第 164～170 頁。
〔註 22〕胡愈之：〈追悼杜亞泉先生〉〔J〕，《東方雜誌》，1934 年第 1 期。
〔註 23〕杜其在：《回憶我的父親——杜亞泉》〔M〕//許紀霖、田建業：《一溪集：杜亞泉的生平與思想》，北京：三聯書店，1999 年，第 43 頁。

類思想能力所已及者爲界,謂太極界。太極界之愈擴而愈大,即人類之進步矣。不可知者,無極之界也;可知者,太極之界也」〔註 24〕,強調宇宙是無限的,而人類對宇宙間科學的認知能力卻是有限的;人類的認知能力可以不斷發展,不斷擴大對宇宙的認知,但是永遠不能窮盡對宇宙的認知。「近世科學,進步甚著,往往侵入命運之領土內,擴張知能之區域。然知能所及之區域,無論如何擴張,常爲知能不及之區域所包圍,以知能爲有限性,自然界爲無限性也。故科學雖與命運爲仇敵,然謂科學能戰勝命運,則決無是理。彼持科學萬能說而蔑視命運者,猶於室內燃電燈、置風扇,而謂自然界之晝夜寒暑,皆爲吾人知能所管轄,亦多見其不知量矣。」〔註 25〕這一凸顯低調、對人類知能有限性的判斷,與新青年派極力推崇一切以科學法則和科學理性爲準則,尊科學爲神明大相逕庭,充分體現了杜亞泉懷疑謹慎的科學理性精神,與其早期對科學救國的樂觀態度形成了鮮明對比,更打破了「科學萬能說」,無疑是對科學主義僭妄的矯正。

面對西方文化的衝擊,清末民初中國著力進行了一系列社會變革,但終歸還是給國人帶來了失望,甚至絕望。中國文化深陷危機之中;同時,第一次世界大戰慘絕人寰,創深痛巨,使歐人對自己的前途與命運痛失信心,陷於悲觀、混亂、迷茫之境。「歐人危疑彷徨,不知所措,雜藥亂投,實陷於理性危機之中。」〔註 26〕尤其是斯賓格勒《西方的沒落》一書的出版,更表徵了歐人對自己文化的惘悵。杜亞泉有感於時代的變遷,反思並告誡國人崇尚科學技術的物質救國論有釀成物質救國的危險:「而此十數年來歐美社會之思潮,乃急轉直下,全然改變其面目。而我國民乃猶彷徨於唯物論之魔障中,認物質勢力爲萬能,以弱肉強食爲天則,日演日劇,不亦可爲長太息者乎」〔註 27〕,強烈呼籲國人切莫對科學技術持盲從態度。「自歐戰發生以來,西洋諸國,日以其科學所發明之利器,戕殺其同類,悲慘劇烈之狀態,不但爲吾國歷史之所無,亦且爲世界從來所未有。則吾人今後,不可不變其盲從之態度,而一審文明眞價之所在。」〔註 28〕他進一步指出,科學僅爲發達經濟的手段。若經濟之目的已誤,則手段愈高,危險亦愈甚。西洋社會之經濟目的,

〔註 24〕 杜亞泉:〈無極太極論〉〔J〕,《普通學報》,1901 年第 1 期。
〔註 25〕 杜亞泉:〈命運說〉〔J〕,《東方雜誌》,1915 年第 12 期。
〔註 26〕 韋拉里:〈韋拉里論理智之危機〉〔J〕,《大公報・文學副刊》,1928 年第 3 期。
〔註 27〕 杜亞泉:〈精神救國論〉〔J〕,《東方雜誌》,1913 年第 10 期。
〔註 28〕 杜亞泉:〈靜的文明與動的文明〉〔J〕,《東方雜誌》,1916 年第 13 期。

在滿足其生活所具的欲望。其以科學為前驅，無限之欲望隨之而昂進，結果使經濟消耗於奢侈，浪費於軍備，破壞於戰爭。〔註 29〕在《工藝雜誌‧序》中，他檢省道，十餘年來自己一直嚮往和信賴西洋工藝，以為工藝為一切事物之本。及世界大戰爆發，考察此戰爭發生的原由，才始認識工藝的流弊，戰爭乃「工藝之流毒」〔註 30〕，繼而明確表示：「科學上之智識技能，當利用之以生產日常須要之物，使其產出多而價值廉，以應下層社會之用，而救其缺乏。勿任貪黠之徒，利用科學，以施其兼併侵略之技。」〔註 31〕這種對科學的理性認知充分體現了其辯證中和的思想特質，與獨尊科學為神明而蔑棄傳統的科學主義、詆毀科學而專崇孔孟的復古主義相比，凸顯出多元、開放、辯證、周詳的「溫和漸進」之風。「這既不同於保守主義的全面固守傳統徹底排斥西方科技，也不同於激進主義的徹底放棄傳統完全接受西方科技，還不同於折衷主義的固守傳統價值卻接受西方實用技術。這是一種特殊形式的文化相對主義。」〔註 32〕

三、如何理性地對待傳統

　　鑑於救亡的壓力，新青年派出於急迫心理，而無法深入從事科學啟蒙事業，而是選擇了以批判傳統代替科學啟蒙。儘管陳獨秀宣稱是為了擁護德、賽先生才去反儒家禮教道德的，但在實際的倫理革命中卻恰恰相反——擁護德、賽先生是為了反舊傳統。「要擁護那德先生，便不得不反對孔教、禮法、貞節、舊倫理、舊政治；要擁護那賽先生，便不得不反對舊藝術、舊宗教；要擁護德先生又要擁護賽先生，便不得不反對國粹和舊文學。大家平心細想，本志除了擁護德、賽兩先生之外，還有別項罪案沒有呢？若是沒有，請你們不用專門非難本志，要有氣力有膽量來反對德、賽兩先生，才算是好漢，才算是根本的辦法。」〔註 33〕德、賽先生被陳獨秀請來保護了《新青年》對傳統的批判而遭致的非難。其實，《新青年》雜誌論及「科學」的字眼比比皆是，但真正討論科學或者科學方法的卻寥寥無幾。「《新青年》所討論的，不過是

〔註 29〕 杜亞泉：〈戰後東西文明之調和〉〔J〕，《東方雜誌》，1917 年第 14 期。
〔註 30〕 杜亞泉：〈《工藝雜誌》序〉〔J〕，《東方雜誌》，1918 年第 15 期。
〔註 31〕 杜亞泉：〈戰後東西文明之調和〉〔J〕，《東方雜誌》，1917 年第 14 期。
〔註 32〕 任元彪：〈面對西方科學的衝擊：杜亞泉回應方式〉〔J〕，《科學文化評論》，2006 年第 2 期。
〔註 33〕 陳獨秀：《陳獨秀文章選編》〔M〕，北京：三聯書店，1984 年，第 195 頁。

文學、孔教、戲劇、守節、扶乩，這幾個很平常的問題」〔註34〕，根本未對賽先生下工夫，其真正目的在於為反舊禮教，倡白話文，與疑古史舊書。杜亞泉認為，傳統並非科學的死敵，二者可以互融共存。

（一）現代科學與宗教傳統互融共存

在新文化運動初期，針對在社會急劇轉型背景下出現的信仰危機，陳獨秀提出了「以科學代宗教」的主張，強調以自然科學為基礎的西方思想、精神和方法，可以在世界觀、人生觀、社會歷史觀等方面全面取代宗教，作為現代社會的新信仰。杜亞泉認為，宗教作為一種精神信仰資源，具有凝聚民族精神和維繫社會秩序的偉大力量，因而現代化不宜蔑棄宗教傳統。「夫宗教倫理，為民族組成之要素，其支配社會維持治安之潛力，至為偉大。若被破壞，則善惡無所遵循，是非莫由辨別，人民必將彷徨歧路，靡所適從，精神界之俶擾，有不堪設想者矣。」〔註35〕在一定意義上，宗教具有其他資源不可替代的、與科學互補調劑的不可或缺的精神價值。正如羅素所言：「世界需要一種能促進生活的哲學或宗教。如果要使生活成為完全是人的生活，它必須為某種目標服務，這種目標在某種意義上似乎是在人的生活以外的，就是某種目標，它是非個人的超出於人類的，有如上帝或真理或美。這一種對於不朽事物的幸福的默想，就是斯賓諾莎所稱的對於上帝的理智的愛。」〔註36〕同時杜亞泉指出，一種主義絕對不可能包涵世間萬理，宗教也是如此。「夫以千百年各築藩籬之宗教，乃有接近之一日，此亦足見一種主義之不能包涵萬理，而矛盾之決非不可和協者矣」〔註37〕，力主現代科學與宗教傳統互融共存，並預言：「大凡人類於自然界獲得勝利之時，則宗教思想必因之薄弱，若至趨於極端陷於窮境之時，則宗教思想必因之喚起。故今後當為希伯來思想復興時代，與歷史上文藝復興時代，遙遙相對。」〔註38〕

現代科學與宗教傳統的關係，是五四時期中西新舊之爭的焦點問題之一。科學主義思潮立基於孔德實證主義文明進化論，而主張「以科學代宗教」的激進方針。其「重新估定一切價值」的評判準則乃是「以西評中」、「以新

〔註34〕陳獨秀：《陳獨秀文章選編》〔M〕，北京：三聯書店，1984年，第195頁。
〔註35〕杜亞泉：〈國家主義之考慮〉〔J〕，《東方雜誌》，1918年第15期。
〔註36〕伯特蘭・羅素：《社會改造原理》〔M〕，上海：上海人民出版社，1959年，第145頁。
〔註37〕杜亞泉：〈矛盾之調和〉〔J〕，《東方雜誌》，1918年第15期。
〔註38〕杜亞泉：〈戰後東西文明之調和〉〔J〕，《東方雜誌》，1917年第14期。

衡舊」的單向文化批判，顯然源於尋求富強的「現代化情結」。「就思想而言，五四實在是一個矛盾的時代：表面上它是一個強調科學，推崇理性的時代，而實際上它卻是一個熱血沸騰，情緒激蕩的時代；表面上五四是以西方啓蒙運動重知主義爲楷模，而骨子裏它卻帶有強烈的浪漫主義色彩。」〔註39〕五四思想的內在困境和危機，在於其匱缺作爲歐洲啓蒙傳統之基礎的「分析還原和理智重建」的理性方法，而僅僅立基於一種「態度」。〔註40〕而杜亞泉對於現代科學與宗教傳統的互融共存態度，恰恰彌補了文化激進主義理性建構不足的缺陷，切中了五四啓蒙思想的偏弊，其「溫和漸進」之風格由此可見一斑。

（二）現代西醫與傳統中醫互融共存

早在新文化運動之初，陳獨秀就提出了「中醫非科學」的觀點：「醫不知科學，既不解人身之構造，復不事藥性之分析，菌毒傳染，更無聞焉；惟知附會五行生剋寒熱陰陽之說，襲古方以投藥餌，其術殆與矢人同科；其想像之最神奇者，莫如『氣』之一說，其說且通於力士羽流之術，試遍索宇宙間，誠不知此『氣』之果爲何物也！」〔註41〕這是一種明顯的西化主義傾向。與陳獨秀相呼應，余雲岫對中醫也持鄙薄蔑棄之見，認爲中醫不僅解剖學落後，而且其醫學理論也是非科學的；中醫的生理學和病理學皆立基於陰陽五行學說，而陰陽五行說只是古代哲學家的空想，到了今日科學時代，已全無科學的價值，必須將其徹底摒棄。〔註42〕杜亞泉決不贊同對中醫價值全盤否定的論調，奮而爭之。「中西醫學，大同小異。習西醫者詆諆中醫，謂中醫專重陰陽五行之說，憑臆想而不求實驗；信中醫者排斥西醫，謂西醫多用金石劇烈之藥，精外科而不善內治。是皆一孔之見，偏執之論也」〔註43〕，強調中西醫學理法不同，二者互有優長，西醫以機械實驗爲基礎，長於診治器質性疾病；中醫以心靈體會爲方法，優於醫療官能性疾病。科學界不可重機械實驗，而輕心靈體會。「世界上的科學，除了物質方面以外，凡是精神科學社會科學，都不是全靠著機械的試驗，才能成立呢！希望明白科學的，不要作『科學萬

〔註39〕 張灝：《危機中的中國知識分子》〔M〕//蕭延中：《啓蒙的價值與局限》，太原：山西人民出版社，1989年，第54頁。

〔註40〕 汪暉：《無地彷徨·序》〔M〕，杭州：浙江文藝出版社，1994年，第16頁。

〔註41〕 陳獨秀：〈敬告青年〉〔J〕，《青年雜誌》，1915年第1期。

〔註42〕 余雲岫：〈科學的國產藥物之第一步〉〔J〕，《學藝》，1920年第2期。

〔註43〕 杜亞泉：〈中西驗方新編敘言〉〔J〕，《東方雜誌》，1916年第13期。

能』的迷想。世界事物,在現世科學的範圍以內者,不過一部份」〔註 44〕,並以西醫的「血液循環」和「神經作用」學說闡釋中醫的「血氣」,以西方病理學的「循環障礙」理論解釋中醫的「血氣不和」與診脈方法,以溫度作用和氣壓作用詮解中醫的「風火寒熱燥濕」(六淫)爲例證,深刻闡述二者可以互融共存。

　　無可厚非,這種對待科學價值的「溫和」態度,顯然比宣判式的無情批判傳統更符合科學精神和科學原則,也更利於對傳統的揚棄和接納科學。

四、如何進行科學啓蒙

　　科學啓蒙是一個艱難漫長的事業,辛亥革命後中國的文化危機、政治失序更加劇了科學啓蒙的複雜性和曲折性。改革人心,實現國民性改造是科學啓蒙者的共同追求。杜亞泉以陶鑄「科學的勞動家」爲旨趣,主張以建設者的姿態積極推進科學啓蒙。

(一)陶鑄「科學的勞動家」

　　杜亞泉認爲,文明問題是中國積貧積弱的根本緣由。「吾社會乃物質文明之消耗場,而非物質文明之生產地也。吾社會人民,乃使用物質文明之人類,而非製造物質文明之人類也。新思潮之灌輸,雖彌漫全國,然知其當然而不知其所以然者,仍居多數。近今所謂精神文明者,類由摹仿而來,非己身所產出,而又無推測扶擇之力。」〔註 45〕爲此,他認爲解決之道的關鍵在於:必須改變「吾國人之心理」,改變「社會風俗」和「人民根性」,「欲挽救將來之國勢,不如造成未來之國民」〔註 46〕,「改革云者,不徒改革其國體,且當改革其人心。」〔註 47〕正如林毓生所指出的,借思想文化解決問題是中國知識分子的傳統,杜亞泉也不例外。他的改變「吾國人之心理、社會之風氣、人民根性」,「改革人心」、「造成未來之國民」等等,都是試圖以思想文化解決中國社會問題,與新文化派的「倫理之覺悟」異曲同工,而在如何實現科學啓蒙上,杜亞泉則與新青年派分道揚鑣了。

　　杜亞泉堅信,隨著科學技術的進步,「自農業、工藝、交通、運輸諸事業,

〔註44〕 杜亞泉:〈中國醫學的研究方法〉〔J〕,《學藝》,1920 年第 2 期。
〔註45〕 杜亞泉:〈現代文明之弱點〉〔J〕,《東方雜誌》,1913 年第 9 期。
〔註46〕 杜亞泉:〈命運說〉〔J〕,《東方雜誌》,1915 年第 12 期。
〔註47〕 杜亞泉:〈今後時局之覺悟〉〔J〕,《東方雜誌》,1917 年第 14 期。

土木、機械、電氣諸工程，幾經研究改良，無一不須精密之知識，與熟練之技能。於是社會中發生一有力之新階級，即有科學的素養而任勞動之業務者。此等科學的勞動家，以社會上之需要，日增月盛。國家社會間一切機關、職業，悉落於勞動家之手。……吾尤望吾朦朧無意之國民，注目於未來之大勢，預備爲科學的勞動家，以作二十一世紀之主人焉」〔註48〕，勵志陶鑄「科學的勞動家」。

（二）科學啟蒙重在建設

杜亞泉認爲，改造國民性，不可能一蹴而就，不是靠喊口號或者政治批判運動就能實現的，需要基本的教育普及和知識提高，「必以國民教育爲前提。此治本之策，非經數十年之陶鑄不爲功」〔註49〕，「眞共和之成立，不外二因。一爲國內農工商業之發達，二爲國民教育之普及。」〔註50〕顯然，這與嚴復的「開民智」、「民之可化，不可期之以驟」的思想一脈相承，主張科學啓蒙重在建設，要有眞實內容。倘若不從根本上做起，而是一味「逞意氣」，進行破壞和革命，那就不僅不能造成未來之國民，反而會亡國。「新屋既築，舊屋自廢；新衣既製，舊衣自棄。今不務築新屋、製新衣，而惟卷人之茅茨而焚之，剝人之藍縷而裂之，曰：是即予之所謂新屋也，是即予之所謂新衣也。則人安有不起與反抗者？不但其茅茨決不肯爲其所焚，其藍縷決不肯爲其所裂，必且並新屋新衣而深惡之而深恨之，而其茅茨且永不能除，藍縷且永不得脫矣。故以非新非思想而揭櫫爲新思想者，實際上乃阻過新思想之最有力者也。」〔註51〕杜亞泉正確揭露了新青年派只破不立，以破代立的錯誤傾向。

針對杜亞泉的科學啓蒙觀，胡愈之代表《東方雜誌》編輯部作了「蓋棺「評價：「在中國科學發達史中，先生應該有一個重要的地位。到了先生主編《東方雜誌》的時候，雖提倡精神文明，發揚東方思想，因此與五四時期的《新青年》雜誌，曾有過一次論戰，但是先生始終沒有放棄科學的立場，其對於人生觀和社會觀，始終以理知支配欲望爲最高的理想，以使西方科學與東方傳統文化結合爲最後的目標。所以從思想方面說，先生實不失爲中國啓

〔註48〕 杜亞泉：〈未來之時局〉〔J〕，《東方雜誌》，1917 年第 14 期。
〔註49〕 杜亞泉：〈力之調節〉〔J〕，《東方雜誌》，1916 年第 13 期。
〔註50〕 杜亞泉：〈眞共和不能以武力求之論〉〔J〕，《東方雜誌》，1917 年第 14 期。
〔註51〕 杜亞泉：〈何謂新思想〉〔J〕，《東方雜誌》，1919 年第 16 期。

蒙時期的一個典型學者。」〔註52〕杜亞泉開創了中國近代科學啓蒙的一個新
路徑，具有獨特的意義與價值。

五、結語

　　民初中國新思潮伴隨著「調和」與「激進」兩種路線的日形牴牾而彼此
消長地演進著。陳獨秀痛斥「調和」：「西洋的法子和中國的法子，絕對是兩
樣，斷斷不可調和牽就的。因爲新舊兩種法子，好像水火冰炭，斷然不能相
容；要想兩樣並行，必至弄得非牛非馬，一樣不成」〔註53〕，視「調和」爲
「很流行而不祥的論調」、「人類惰性的惡德」〔註54〕，胡適也將「調和」看
作「懶人懦夫」所爲。〔註55〕。他們堅持矯枉過正的激進路線，以「石條壓
駝背」爲方針，實現國民性改造，由此在科學啓蒙上奉行科學主義，對科學
過度信任，推崇科學爲萬能的現代神話。而杜亞泉慮及激進的革命易導致社
會倫理的失範和國民心理的非理性傾向所難免的破壞性後果，而主張溫和理
性的思想啓蒙。〔註56〕

　　誠然，文化激進主義合乎時代潮流，固然不乏其矯枉過正的深刻的歷史
合理性，而杜亞泉的「科學調和論」則以其穩健的姿態，防避了其矯枉過正
的破壞性流弊，體現了多元、開放的思想特徵。「假如我們不再持有一元論心
態的話，就無法否認這也是一種啓蒙。不過是另一種啓蒙，一種溫和的、中
庸的啓蒙。」〔註57〕

　　另外，我們必須清醒地看到，杜亞泉過於注重作爲知識體系的科學，而
相對輕視作爲社會哲學的科學，且在一定意義上將「調和」演化爲「教條」，
這就不免使其科學啓蒙有所乏力。對此作出「理性」的科學認識，也是杜亞
泉科學啓蒙理性精神的本質要求之所在。

〔註52〕　胡愈之：〈追悼杜亞泉先生〉〔J〕，《東方雜誌》，1934 年第 1 期。
〔註53〕　陳獨秀：〈今日中國之政治問題〉〔J〕，《新青年》，1918 年第 5 期。
〔註54〕　陳獨秀：〈調和論與舊道德〉〔J〕，《新青年》，1919 年第 6 期。
〔註55〕　胡適：〈新思潮的意義〉〔J〕，《新青年》，1919 年第 7 期。
〔註56〕　高力克：《調適的智慧：杜亞泉思想研究》〔M〕，杭州：浙江人民出版社，1998
　　　　　年，第 192 頁。
〔註57〕　許紀霖、田建業：《杜亞泉文存》〔M〕，上海：上海教育出版社，2003 年，第
　　　　　496～497 頁。

參、杜亞泉科學教育研究綜述

摘要：杜亞泉是近代「中國科學界的先驅」。由於諸多原因，對其研究長期被邊緣化，直到上個世紀 90 年代初，隨著人們對中國近代思想文化史的檢省，他的科學觀和科學教育活動才倍受關注。但從研究深度和視角看，關於他的科學教育思想體系、在中國近代科學教育史上的地位以及為中國近代科學教育所作出的開創性貢獻和現實意義等尚待進一步深化和拓展。

關鍵詞：杜亞泉；科學教育；先驅；思想；活動

杜亞泉（1873～1933 年），原名煒孫，字秋帆，號亞泉，又署傖父、高勞，浙江紹興會稽縣傖塘鄉（今上虞市長塘鎮）人，「是中國近代西學東漸背景下，經由日本引進西方科學，特別是近代化學的標誌性人物」〔註 1〕，畢生致力於近代科學知識的傳播和普及，堪稱「中國科學界的先驅」〔註 2〕。

五四運動前後，中西文化激蕩碰撞。自 1918 年 9 月以來，杜亞泉與陳獨秀開始了一場曠日持久的東西文化問題大論戰。杜亞泉秉持溫和漸進的改良路線，不相信一陣吶喊或一兩次激進的運動就能解決中國的現代化問題。但在以激進反傳統、重建現代價值為主旨的啓蒙運動和思想革命蓬然而起的形

〔註 1〕陳鐿文、姚遠：〈杜亞泉先生年譜（1873～1912 年）〉〔J〕，《西北大學學報》（自然科學版），2008 年第 5 期，第 1038～1047 頁。

〔註 2〕胡愈之：《追悼杜亞泉先生》，原載《東方雜誌》第 31 卷第 1 號，1934 年。

勢下，杜亞泉顯然與時代大潮相背離，因而受到《新青年》的猛烈抨擊，使《東方雜誌》日益顯得落伍陳舊。也正是由於這場大論戰，使杜亞泉長期以來一直被主流意識形態認爲是守舊派人物，湮沒在歷史的塵埃之中〔註3〕。而對這場論戰，早在 1934 年，胡愈之就這樣說：「曾有過一次論戰，但是先生並沒有放棄科學的立場。其對於人生觀和社會觀，始終以理性支配欲望，爲最高的理想，以使西方科學與東方傳統文化結合，爲最後的目標。所以從思想方面說，先生實不失爲中國啓蒙時期的一個典型學者。」〔註4〕直到上個世紀 90 年代初，隨著學術界對文化保守主義思想的重新認識，特別是王元化先生的《杜亞泉與東西方文化問題論戰》等論文發表以後，早逝的杜亞泉才重新恢復了其在現代中國科技史和思想史中應有的位置。「把杜亞泉看作是一位反對革新的落伍者，這種誤解要歸之於長期以來近代中國歷史上發生的急驟變化。近代歷史上的每次改革都以失敗告終。⋯⋯百餘年來不斷更迭的改革運動，很容易使人認爲每次改革失敗的原因，都在於不夠徹底，因而普遍形成了一種越徹底越好的急躁心態。在這樣的氣候下，杜亞泉就顯得過於穩健、過於持重、過於保守了，⋯⋯至今人們還是不能理解他那漸進溫和的態度。」〔註5〕1993 年 11 月 17 日，全國紀念杜亞泉先生誕辰 120 週年暨學術思想研討會在他的故鄉浙江上虞市舉行，隨後紹興市發行了《越中名賢——杜亞泉》的紀念封。「撥開歷史的雲煙，作爲我國自然科學和教育事業的先驅者，作爲一位卓有成就的科學家和教育家，杜亞泉得到高度的評價和莊重的紀念」〔註6〕。在「亞泉熱」悄然興起之際，人們懷著崇敬的心情、抱著公正的態度來重新審視這位在近代中國科學教育史上具有深邃歷史洞見和思想智慧的先驅，對其科學觀和科學教育活動做了探討。

〔註3〕 1911 年 2 月～1919 年 12 月，杜亞泉兼任《東方雜誌》主編，隸屬商務印書館。在此期間，杜以此爲陣地撰文，先後多次與陳獨秀就東西文化問題展開激烈論戰。「五四」後，當時的社會思想潮流是激進的，杜亞泉主編的《東方雜誌》堅持理性的調和論思想與這種時代背景就顯得格格不入了，商務印書館當局考慮到館方的營業及其社會影響，於 1920 年初，免去杜亞泉《東方雜誌》主編職務。

〔註4〕 胡愈之：《追悼杜亞泉先生》，原載《東方雜誌》第 31 卷第 1 號，1934 年。

〔註5〕 田建業、許紀霖：《杜亞泉文存》〔M〕，上海：上海教育出版社，2003 年，第 4～5 頁。

〔註6〕 蘇兆瑞：〈鞠躬盡瘁尋常事——介紹近代著名科學家、教育家杜亞泉先生〉〔J〕，《遠程教育雜誌》，1995 年第 ZI 期，第 37 頁。

一、關於杜亞泉科學觀的研究

（一）關於杜亞泉對科學價值的認識

陳鐙文、姚遠認為，《〈亞泉雜誌〉序》能完整地體現出杜亞泉對科學價值的認識。「但政治與藝術之關係，自其內部言之，則政治之發達，全根於理想，而理想之眞際，非藝術不能發現。自外部觀之，則藝術者固握政治之樞紐矣。航海之術興，而內治外交之政一變；軍械之學興，而兵政一變；蒸汽電力之機興，而工商之政一變；鉛印石印之法興，士風日闢，而學政亦不得不變。且政治學中之所謂進步，皆借藝術以成之。且吾更有說焉：設使吾國之士，皆熱心於政治之爲，在下則疾聲狂呼，赤手無可展布，終老而成一不生產之人物；在朝則競爭衝突，至不可終日，果如是，以毋寧降格以求，潛心實際，熟悉技能，各服高等之職業，獨爲不敗之績也二十世紀者工藝時代。吾恐我國之人，囂囂然爭進於一國之中，而忽爭存於萬國之實也。苟使職業興而社會富，此外皆不足憂。文明福澤，乃富強後自然之趨勢。天下無不可爲之事，惟資本之缺乏爲可慮耳，吾願之留意焉。亞泉學館輯《亞泉雜誌》》，揭載格致算化農商工藝諸科，其目的蓋如此。」〔註7〕這段文字反映了杜亞泉對科學技術與現代政治之間關係的認識。他將科學技術用「藝術」一詞表示，可能取其「工藝之術」之意，即「技術」之意，與現在「藝術」一詞的含義不同。他認爲一個國家的政治固然很重要，但政治的發達與科學技術是息息相關的，科學技術的發展是政治發達的基礎。〔註8〕

同時，有學者認爲，《〈亞泉雜誌〉序》是其科學救國思想的突出反映，表達了杜亞泉早期的科學觀——將科學技術歸爲政治的基礎及其進步的動力，並將科學技術的進步視爲中國富強的治本之策。「這是三十五前所作的文字，在那時先生已揭發生產技術決定了政治和社會關係。至於先生對朝野的批評，在現在看來，也還是正確的。但從這裡，就可知先生是怎樣的一個前進的學者了」〔註9〕。從《〈亞泉雜誌〉序》不難看出，杜氏早期對於科學技術的看法基本上是正面的，他對於科學救國的前景也是樂觀的〔註10〕。

〔註7〕 杜亞泉：《〈亞泉雜誌〉序》，載《亞泉雜誌》創刊號，1900年。
〔註8〕 陳鐙文、姚遠：〈杜亞泉先生年譜（1873～1912年)〉〔J〕，《西北大學學報》（自然科學版），2008年第5期，第1038～1047頁。
〔註9〕 胡愈之：《追悼杜亞泉先生》，原載《東方雜誌》第31卷第1號，1934年。
〔註10〕陳鐙文、姚遠：〈杜亞泉先生年譜（1873～1912年)〉〔J〕，《西北大學學報》

　　與此相呼應，傅麗紅、歐陽正宇均認爲，《〈亞泉雜誌〉序》「可以說是最早的『科學救國論』了，這種科學決定政治、科學決定社會其他方面的觀念，是對當時『中學爲體西學爲用』的一種鮮明批判」〔註11〕。「更可貴的是，杜亞泉還把科學技術之普及與政治制度之革新聯繫起來，認爲政治發達，必須由科技來實現，『自其內部言之，則政治之發達，全根於理想，而理想之眞際，非藝術不能發現。自外部觀之，則藝術者固握政治之樞紐矣』〔註12〕。這顯然是對『中體西用』論的批判」〔註13〕。

（二）關於杜亞泉科學觀的演變歷程

　　高力克先生認爲，由清末到民初，杜亞泉的科學觀經歷了顯著的變化。其早年熱心倡導科學，民初轉而對科學技術持審愼反思的態度，並主張科學術與精神文明的調和〔註14〕。他指出，《〈亞泉雜誌〉序》足以顯示出杜亞泉樂觀的科學救國信念，待到主持《東方雜誌》筆政後，發表長文《精神救國論》、《命運說》，他已經將社會關懷的重心轉向精神文明，尤其是歐戰爆發後，杜亞泉對科學技術及西方現代文明的反思愈益深入，其「科技爲本」的思想漸生轉變。在《〈工藝雜誌〉序》中，杜亞泉例舉了諸多西方「工藝之流毒」〔註15〕，敘述了其在工藝問題上的思想變化，進而檢省了工藝及西方現代工業文明的困境，改變了其早年過於信賴科學技術的觀點，並認識到科學技術僅爲工具理性的手段，現代人類若不善加利用之，則科技的進步只能給人類文明帶來災難性的負面影響。高力克先生轉引杜亞泉之子杜其在憶述其父民初思想轉變的一句話，可謂一語中的：「從一個科舉出身的知識分子到崇拜西方科學技術的學者；又醉心於西方文化，推崇西方物質文明轉變到反對全盤西化，主張中西融合，提倡精神文明，這是我父親思想上的兩次重大飛躍。」〔註16〕

　　　　（自然科學版），2008 年第 5 期，第 1038～1047 頁。
〔註11〕傅麗紅、杜亞泉：〈致力於科學傳播的啓蒙學人〉〔J〕，《今日浙江》，2006 年第 13 期，第 60 頁。
〔註12〕杜亞泉：《〈亞泉雜誌〉序》，載《亞泉雜誌》創刊號，1900 年。
〔註13〕歐陽正宇：〈杜亞泉的科學救國思想及成就〉〔J〕，《甘肅社會科學》，2002 年第 5 期，第 153 頁。
〔註14〕高力克：《調適的智慧——杜亞泉思想研究》〔M〕，杭州：浙江人民出版社，1998 年，第 58 頁。
〔註15〕杜亞泉：《〈工藝雜誌〉序》，載《東方雜誌》第 15 卷第 4 號。
〔註16〕杜其在《回憶我的父親——杜亞泉》，未刊稿。

（三）關於杜亞泉的科學教育目的論

儘管杜亞泉的科學觀經歷了深刻的變化，但是需要說明的是，人們關注杜亞泉的科學教育思想並未就此為止，而是繼續深入探討了其在科學上的最終立場問題——關於科學教育的目標，即其教育目的論。高力克、付東升、歐陽正宇等認為，杜亞泉科學教育的培養目標是：「科學的勞動家」。「杜亞泉民初以來雖對西方科學技術持審慎的反思態度，但他並未改變其倡導科學的立場。否則他終其一生而致力於傳播科學知識的事業，將是難以理喻的。杜氏始終堅信，科學技術是現代文明進步的基本動力，也是中國達至富強的必由途徑。杜氏預言，科學的昌明將造就一種『科學的勞動家』的新人類」〔註17〕。「自農業、工藝、交通、運輸諸事業，土木、機械、電氣諸工程，幾經研究改良，無一不須精密之知識，與熟練之技能。於是社會中發生一有力之新階級，即有科學的素養而任勞動之業務者。此等科學的勞動家，以社會上之需要，日增月盛。國家社會間一切機關、職業，悉落於勞動家之手……吾尤望吾朦朧無意之國民，注目於未來之大勢，預備為科學的勞動家，以作二十世紀之主人焉」〔註18〕對於杜亞泉科學觀的評價，學界一直在引用上述胡愈之先生的話作結，並且得出了這樣的結論：「杜氏關於西方科學技術與東方文化相結合的文化調和論，充分體現了其文化調適思想之辯證中和的特點，較之五四時期陳獨秀、胡適、丁文派之獨尊科學而蔑棄傳統的科學主義以及辜鴻銘、嚴復等守舊派之詆毀科學而專崇孔孟的復古主義，杜氏之科學與倫理相調和的文化調適思想，則獨顯其辯證開放和周詳穩健的風格。」〔註19〕

（四）關於杜亞泉與新文化運動科學觀的區別〔註20〕

有比較才有鑒別，歐陽正宇認為：

第一，同清末嚴復的「有用之效，徵之富強，富強之基，本諸格致」〔註21〕

〔註17〕 高力克：《調適的智慧——杜亞泉思想研究》〔M〕，杭州：浙江人民出版社，1998年，第60頁。

〔註18〕 杜亞泉：《未來之時局》，《東方雜誌》第14卷第7號。

〔註19〕 高力克：《調適的智慧——杜亞泉思想研究》〔M〕，杭州：浙江人民出版社，1998年，第65頁。

〔註20〕 本部份參閱歐陽正宇：《杜亞泉的科學救國思想及其成就》，《甘肅社會科學》，2002年第5期。

〔註21〕 嚴復：《救亡決定論》，轉引自《清末社會思潮》，福建人民出版社，1990年版，

的科學救國論一脈相承，杜亞泉也是通過科學所帶來的實際效益來理解科學的重要性，是把它當作富國強兵的手段來接受、信仰並傳播的，從某種意義上說，杜亞泉的這種科學觀是一定程度上的實用主義表現。科學和民主是新文化運動的兩面旗幟，「國人而欲脫蒙昧時代，羞為淺化之民也，則急起直追，當以科學與人權並重」〔註22〕新文化運動的倡導者主張「以科學代宗教」，用科學來根治「無常識之思維」和「無理由之信仰」，一切以科學法則和科學理性為準繩。應當說，杜亞泉在這一點上比新文化運動的健將們是稍遜一籌的，他更多的是把科學作為一種工具，一種富國強民的工具，一種提高國民素質的工具，一種推動政治、經濟、文化發展的工具，而且是必須的、根本的工具。「是故吾人之天職，在實現吾人之理想生活，即以科學的手段，實現吾人經濟的目的；以力行的精神，實現吾人理性的道德」。「科學上之智識技能，當利用之以生產日常須要之物，使其產出多而價廉」。「至科學上之學說，如競爭論、意志論等……不可奉為信條」〔註23〕。杜亞泉批評西方物質文明和新文化運動的急功近利，實際上他自己對科學也作了一種功利主義的理解。

第二，杜亞泉追求科學，但他並沒有變為「勢力主義」，只能說杜亞泉對新文化運動所提倡的功利主義的批評是欠妥的。陳獨秀曾指出，「功利主義與圖利貪功，本非一物」〔註24〕。「《東方》記者『是』誤以貪鄙主義為功利主義」〔註25〕，「不明功利主義之真價值及其在歐美文明史上之成績」〔註26〕。其實，用科學武裝國民，這也正是新文化運動所追求的，只是新文化運動的科學觀已經超越了科學的具體涵義，而更重視科學對社會改造或建設的功能，力圖把科學的態度帶進包括精神文化特別是倫理道德的全部文化領域中，培養國民科學地認知世界和事物的求實態度和理性方法，而杜亞泉還停留在前一層次上。

第 323 頁。
〔註22〕陳獨秀：《敬告青年》，《陳獨秀文章選編》，三聯書店，1984 年版。
〔註23〕杜亞泉：《戰後東西文明之調和》，《東方雜誌》第 14 卷第 4 號，1917 年 4 月。
〔註24〕陳獨秀：《再質問〈東方雜誌〉記者》，陳崧主編，《五四前後東西文化問題論戰文選》，第 89 頁。
〔註25〕陳獨秀：《質問〈東方雜誌〉記者》，陳崧主編，《五四前後東西文化問題論戰文選》，第 75 頁。
〔註26〕陳獨秀：《再質問〈東方雜誌〉記者》，陳崧主編，《五四前後東西文化問題論戰文選》，第 89 頁。

二、關於杜亞泉科學教育活動的研究

（一）關於杜亞泉的教育活動

「先生以治學、著書、作育人才終其一生，而其特色，則開風氣之先，與一切以理想為依歸也」〔註27〕。杜亞泉一生最熱衷的就是教育。在《杜亞泉年譜》中陳鎧文、姚遠通過搜集整理他人的回憶錄，對杜亞泉的辦學做了詳細描述。「杜氏一生治學、著書，但是對教育這一理想，卻是畢生追求的，從未放棄。他的辦學熱情從蔡元培、杜山次、章錫琛所作傳記中的回憶可見一斑」〔註28〕。「最所熱心，則在教育。嘗欲自辦一校，以栽植社會需要之人才，初擬設於其鄉之諸葛山，嗣擬設於紹興縣城之塔山，如何建築，如何設備，如何進行，如何由中學擴充為大學，每一談及，興高采烈，刻日期成，格於情勢，未能實現」〔註29〕。

杜亞泉想自辦學校，並將其發展成為大學一事在叔父杜山次為其所做的傳略中說得比較詳細：「熱心教育，嘗欲自設一校，以栽植人才，初欲假其鄉諸葛山麓之僧寺為校舍，設一中學，嘗與朋儕言及：作何設備，作何設施，如何進行，如何擴張，如何由中學以晉大學，並謂苟得如願，雖終其身服務於是校，並子侄亦終其身服務於是校，均所不惜。談至酣暢時，興高采烈，幾欲剋日觀成，嗣以諸葛山地太偏僻，學生不易招致，擬改設城中塔山山上，向當道乞領官地，而自行募捐建築校舍，格於情勢，不克如願。然此念蟠伏於中，未嘗一日忘也。至民國十三年甲子，乃自設新中華學院於上海，君與其子若侄，均任教課，雖曠去商館編譯之時間，減少薪水，亦不介意。設立兩年半，斥資八千餘元，無力繼續，不得已，乃停辦。君原有商館股本若干，至是悉以出售，猶不足，仍負債二三千元。」〔註30〕其實，辦學不僅僅是他的一個念頭或想法，而是願意為其奉獻一生的事業。杜氏對教育的癡心從未改變過，這一情況在章錫琛的《杜亞泉傳略》中也進行了表述：「自創中學於上海，名新中華學院，自任教授訓導之責。深惡上海學風之頹靡，力主敦樸。嘗謂今日學生之志願，捨作官外，即為洋奴，欲使己校畢業學生，咸能離去

〔註27〕張梓生：《新社會》半月刊，第 6 卷第 2 號，1934 年 1 月 16 日。
〔註28〕陳鎧文、姚遠：〈杜亞泉先生年譜（1873～1912 年）〉〔J〕，《西北大學學報》（自然科學版），2008 年第 5 期，第 1038～1047 頁。
〔註29〕蔡元培：《杜亞泉訃告》，開明書店，1934 年代發。
〔註30〕蔡元培：《書杜亞泉先生遺事》，《新社會》第 6 卷第 2 號，1934 年 1 月 16 日。

都市，深入鄉村，從事教育及農村合作事業。創設凡三年，耗資八千餘金，絕不向人募款。君家僅中資，至是盡罄所有。」〔註31〕即使在 1932 年「一·二八」事變住所火炸毀，匆忙回到紹興，家中已經赤貧，但是還義務擔任紹興稽山中學講師，每星期從鄉下趕往城裏，不知疲倦。

同時，高力克著《調適的智慧：杜亞泉思想研究》（浙江人民出版社，1998年版）、田建業等編《杜亞泉文選》（華東師範大學出版社，1993年版）、田建業、許紀霖編《杜亞泉文存》上海教育出版社，2003 年 5 月版均在附錄中整理了杜亞泉一從事教育的活動事輯。

1898 年（光緒二十四年戊戌）25 歲

應蔡元培聘，任紹興中西學堂（今紹興一中前身）數學及理科教員。

1900 年（光緒二十六年庚子）27 歲

蔡元培因傳播新思想與中西學堂校董會發生齟齬，而憤然辭去學堂監督職務。杜亞泉也隨之辭職離校。秋赴上海，自號亞泉，創辦亞泉學館，編輯《亞泉雜誌》，傳播科學知識。

1901 年（光緒二十七年辛丑）28 歲

得父資助，在上海開設普通學書室，編輯刊行科學書籍及語文史地等教科書。5 月，《亞泉雜誌》出版第 19 期後停刊，改出《普通學報》，自為之主撰。

1902 年（光緒二十八年壬寅）29 歲

夏，浙江南潯潯溪公學發生學潮，偕蔡元培應邀前往調停，隨即膺龐清臣之聘，出任潯溪公學校長。長潯校後，銳意改進。未幾，學潮復起，經竭力周旋多方勸導無效而辭職，潯校遂以停辦。

1903 年（光緒二十九年癸卯）30 歲

離滬返紹興，與宗能述、王子餘及其叔山佳、海山創越郡公學於能仁寺，自任理化博物教員。

1904 年（光緒三十年甲辰）31 歲

秋，應舊友張元濟、夏粹芳之邀赴滬，入商務印書館任編譯所理化部主任，並將營業疲頓之普通學書室舉而併入商館，自此在商務印書館服務歷 28

年之久。

1905 年（光緒三十一年乙巳）32 歲

兼任蔡元培所辦愛國女學義務理科教員。

1906 年（光緒三十一年丙午）33 歲

秋，偕叔海生東遊日本考察教育

1908 年（光緒三十四年戊申）35 歲

與湯蟄仙等創立浙江旅滬學會，並當選評議員。

1910 年（宣統二年庚戌）37 歲

任浙江省庚子賠款留美學生主考，負責數理命題，其間曾勉勵同鄉竺可
楨應試，

1911 年（宣統三年辛亥）38 歲

春，兼任商務《東方雜誌》主編。

是年，紹興七縣旅滬同鄉會成立，當選為議長，並被推為紹興旅滬同鄉
會公學校董。

1912 年（民國元年壬子）39 歲

偕吳稚暉入北京出席教育部召開之國音統一會，被聘為會員。業餘研究
注音字母及新式標點之創製和推行，並以圈點《二十四史》作試驗，歷時兩
年多。

1924 年（民國 13 年甲子）51 歲

於上海創辦新中華書院中學，自任教授訓導。

1932 年（民國 21 年壬申）59 歲

不辭勞苦，遠道由鄉入城義務為稽山中學現紹興二中授課，內容涉及政
治、經濟和自然科學等。在鄉間抨擊豪強，革新教育，不以年老而墜其志。

（二）關於杜亞泉的科學著述

杜亞泉一生的科學教育活動，除了通過辦學培養科學人才外，還以辦
刊、著述等方式來實現自己的科學教育理想。為此，諸多學者給予了關注，
主要聚焦在發表於《亞泉雜誌》、《東方雜誌》等期刊上的文章和由他編著譯
的書籍上。

1、肯定了《亞泉雜誌》在中國近代科學教育史上的地位和作用

它是「完全由中國人自辦而沒有外國傳教士參加的最早的綜合性自然科學雜誌。」〔註32〕「這份雜誌發行時期雖然不長，但在某種意義上可以看作是我國第一部化學期刊」〔註33〕。謝振聲在《杜亞泉傳略》中對《亞泉雜誌》的歷史貢獻做了詳述。例如首次向人介紹化學元素週期律、創製化學元素中譯名六種至今沿用等等。最具說服力的還要數著名化學史家袁翰青的撰文。袁在介紹 19 世紀末 20 世紀初我國三十餘本篇化學書籍或與化學知識有關的書籍文章時，就提及發表在《亞泉雜誌》上的 4 篇文章〔註34〕。

2、系統整理了杜亞泉所創辦的刊物、發表的科學論文、譯著

《杜亞泉年譜》、《杜亞泉文選》、《杜亞泉文存》、浙江科學家和近代教育》等文獻對此做了總結。尤其是《杜亞泉文存》田建業、許紀霖編，上海教育出版社，2003 年 5 月版專做一個附錄，尤為突出〔註35〕。認為，杜亞泉一生共計主編刊物 4 份：《亞泉雜誌》、《普通學報》、《中外算報》、《東方雜誌》；科學譯著 17 部；科學大辭典 3 部；科學教科書 38 部；發表在雜誌上的科學論文主要是在《亞泉雜誌》、《東方雜誌》上 95 篇。的確貢獻卓著，而以兩部辭書——《植物學大辭典》、《動物學大辭典》為代表。杜亞泉等 13 人編著的《植物學大辭典》1918 年由商務印書館出版，全書 1700 多頁 300 萬字，載植物名稱術語 8980 條，西文學名術語 5880 條，日本假名標音植物名稱 4170 餘條，附植物 1002 幅。蔡元培指出：「吾國近出科學辭典，詳博無逾於此矣」〔註36〕；祈天錫指出：「自有此書之作，吾人於中西植物之名，乃得有所依據，而奉為指南焉」〔註37〕。一致認為，杜亞泉傾畢生精力於科學教育，可謂嘔心瀝血。

3、關注杜亞泉的科學實驗

通過搜集整理現有文獻資料，大家一致認為，杜亞泉十分注重科學實驗，

〔註32〕 張靜盧：《中國近代出版史料》〔M〕，上海：上海人民出版社，1953 年，第 80 頁。

〔註33〕 張子高、楊根：《化學通報》，1965 年，第 55～59 頁。

〔註34〕 袁翰青：《中國化學史論文集》〔M〕，北京：三聯書店，1956 年，第 290～292 頁。

〔註35〕 田建業：《許紀霖，杜亞泉文存》〔M〕，上海：上海教育出版社，2003 年，第 466～484 頁。

〔註36〕 蔡元培：《植物學大辭典》（序二），上海商務印書館，1918 年。

〔註37〕 祈天錫：《植物學大辭典》（序三），上海商務印書館，1918 年。

有幾點頗受關注：在紹興越郡公學任教時，他曾「購得粗拙之瓶缽，搜羅紛雜之材料，水溶火煆，昏瞀終日，喪財耗精，千失一得」，在其帶動下，「同志漸多，頗得研究之樂」〔註38〕；主持南潯在潯溪公學時，想方設法在該校開設儀器館；進商務印書館後，幾次建議設立科學儀器製造廠，幾經努力終於設立了一個規模較小的儀器標本工場，並爲該工場編製一套適合中小學校實習和示范用的儀器標本目錄，給所招學徒講課，授以技術，培養自製儀器標本的人才；約於 1910 年與友人集資在上海創辦「中國科學儀器館」，並任該館董事。「中國科學儀器館」是國內較早經營科學實驗和教學儀器的專業商店。它的誕生，對科學儀器的介紹、應用起到一定的作用。

三、不足和尚待研究的問題

杜亞泉作爲一位「中國科學界的先驅」，其貢獻是巨大的，爲了給其一個準確定位，還曆史一個眞實面目，對其研究是重要的也是必要的。究其上述研究成果看，還應進一步從以下方面著手：

第一，杜亞泉生活的清末民初屬於近代社會轉型時期，其科學教育有其理論淵源，也是科學救國、教育救國思潮的一部份。只有把杜亞泉的科學教育放在這個社會背景、思想背景下加以系統考察，才能深刻把握其科學教育思想體系。

第二，既然杜亞泉被譽爲「中國科學界的先驅」，其在中國近代科學教育史上的地位及其做出的開創性貢獻，具體表現在何處，包括科學教育價值、內容、手段、精神等是研究的重中之重。

第三，杜亞泉科學教育對我們當代有何啓示，這是研究的現實意義之所在。

據查，目前尚未有關於杜亞泉科學教育研究的專著問世，現有科學教育的研究成果僅散見在爲數極少的著作〔註39〕。現在發表過的關於杜亞泉研究僅有的 80 篇論文中，論及其科學教育問題的只是 35 篇〔註40〕。這對於這位堪稱「中國科學界先驅」者來說是極其不相稱和不公平的。杜亞泉科學教育研究可謂意義深刻、任重道遠。

〔註38〕 杜亞泉：《定性分析後記》，《亞泉雜誌》，1901 年第 10 期。
〔註39〕 張彬著：《浙江教育家與中國近代教育》（浙江大學出版社，2008 年 11 月版）的第五章第一、二節對杜亞泉科學教育略述。
〔註40〕 來自中國學術期刊全文數據庫（1979～）的最新統計數據。

肆、論杜亞泉的科學觀

　　摘要：作爲 20 世紀初中國倡導和傳播科學的先驅者，面對西方科學的猛烈衝擊和五四「科學主義」的僭妄，杜亞泉作出了理論回應。他由力倡「科學救國」，轉而對科學技術持審慎反思的態度，主張科學與宗教、中醫與西醫、科技與道德相「調和」。其科學觀沿循「溫和漸進」的路線，彰顯了理性的「調和」智慧，開創了迥異於文化激進主義的「另一種啓蒙」。

關鍵詞：杜亞泉；科學觀；調和；溫和漸進

　　杜亞泉〔1873～1933〕，原名煒孫，字秋帆，別號亞泉，又署高勞、傖父。浙江紹興會稽縣傖塘鄉（今上虞市傖塘鎮）人，中國近代著名的科學教育家和啓蒙思想家，畢生致力於科學傳播事業，被尊爲近代「中國科學界的先驅」〔註1〕。在西方科學潮湧國門、五四「科學主義」風靡一時之際，杜亞泉以冷峻的睿智由起初力倡「科學救國」，轉而對科學技術持審慎反思的態度，主張科學與宗教、中醫與西醫、科技與道德相「調和」。這一凸顯「溫和漸進」風格的科學觀在中國近代科學教育史上頗具特色，閃耀著理性的價值和光芒。

一、科學救國論

　　甲午戰敗，中華民族危機大大加深。滿懷愛國憂患意識的杜亞泉決定「求

〔註 1〕　胡愈之：〈追悼杜亞泉先生〉〔J〕，《東方雜誌》，1934 年第 1 期。

實學、濟天下」，於 1900 年創辦《亞泉雜誌》，在《亞泉雜誌‧序》中疾呼「科學救國」：「但政治與藝術之關係，自其內部言之，則政治之發達，全根於理想，而理想之眞際，非藝術不能發現。自外部觀之，則藝術者固握政治之樞紐矣。航海之術興，而內治外交之政一變；軍械之學興，而兵政一變；蒸汽電力之機興，而工商之政一變；鉛印石印之法興，士風日闢，而學政亦不得不變。且政治學中之所謂進步，皆借藝術以成之。吾國之士，潛心實際，熟悉技能，各服高等之職業，獨爲不敗之基礎也。二十世紀者，工藝時代。吾恐我國之人，囂囂然爭進於一國之中，而忽爭存於萬國之實也。」〔註 2〕在此，杜亞泉坦言：科技是政治的基礎，科技進步爲國家富強的根本。這就與嚴復所倡導的「有用之效，徵之富強，富強之基，本諸格致」〔註 3〕的思想一脈相承，可謂「科學救國」的先聲，無疑給盛極一時的「政本藝末」論當頭一棒。「這是三十五年前所作的文字，在那時先生已揭發生產技術決定了政治和社會關係。單從這裡，就可知先生是怎樣的一個前進的學者了。」〔註 4〕表明他已從「中體西用」的拘囿中走了出來，堪爲獨具慧眼。

顯然，杜亞泉把科學作爲救國的工具，關注其「經世致用」的功利價值，這就對科學作了淺層次的理解，屬於「器物科學觀」的範疇。錢智修對此作過明確的闡釋：「功利主義之評判美德，以適於適用與否爲標準。功利主義之學術，以應用爲前提矣。」〔註 5〕從某種意義上說，杜亞泉的這種科學觀是一定程度上的實用主義表現。杜亞泉批評新文化運動急功近利，實際上他自己對科學也作了一種功利主義的解釋，卻在自覺不自覺之中把科學當作富國強民的經濟手段。〔註 6〕陳獨秀曾反擊道：「功利主義與圖利貪功，本非一物」〔註 7〕，「《東方》記者『是』誤以貪鄙主義爲功利主義」〔註 8〕，「不明功利主

〔註 2〕 杜亞泉：〈亞泉雜誌‧創刊號〉〔J〕，《亞泉雜誌》，1900 年第 1 期。

〔註 3〕 嚴復：《救亡決定論》〔M〕//吳雁南、馮祖貽、蘇中立，福州：福建人民出版社，1990 年，第 323 頁。

〔註 4〕 胡愈之：〈追悼杜亞泉先生〉〔J〕，《東方雜誌》，1934 年第 1 期。

〔註 5〕 錢智修：《功利主義與學術》〔M〕//陳崧：《五四前後東西文化問題論戰文選》，北京：中國社會科學出版社，1985 年，第 48 頁。

〔註 6〕 歐陽正宇：〈杜亞泉的科學救國思想及成就〉〔J〕，《甘肅社會科學》，2002 年第 5 期，第 153 頁。

〔註 7〕 陳獨秀：《再質問〈東方雜誌〉記者》〔M〕//陳崧：《五四前後東西文化問題論戰文選》，北京：中國社會科學出版社，1985 年，第 89 頁。

〔註 8〕 陳獨秀：《質問〈東方雜誌〉記者》〔M〕//陳崧：《五四前後東西文化問題論戰文選》，北京：中國社會科學出版社，1985 年，第 75 頁。

義之價值及其在歐美文明史上之成績」〔註9〕。其實，文化激進主義者的科學觀已經超越了科學的具體涵義，而更重視科學對社會改造或建設的功能，力圖把科學的態度帶進包括精神文化特別是倫理道德的全部文化領域中，培養國民科學地認知世界和事物的求實態度以及理性方法。由是觀之，杜亞泉對對方的責備是欠妥的。〔註10〕無獨有偶，《科學雜誌》宣稱：「夫工商所以富國，國富而後強；科學應用所以發達工商，工商發達而後國富；然則科學應用乃救國上策，至此將如天經地義，爲用不磨滅之論矣。」〔註11〕杜亞泉與中國科學社的思想在此是相當合拍的。當然，這也是「救亡圖存」時局之需所使然。正如張準所言：「道咸以後，吾國屢挫於外，舉國人士，以舊之不足恃，群思變法，汲汲以輸入西學爲務。其目的不在科學本體，而在製鐵船造火器，以制勝強敵，謀富強救國之策。」〔註12〕鴉片戰爭以後，西方的「堅船利炮」成爲一種征服性的強悍文化，它意味著進步，這種進步被認爲是科技的結果，於是科技成爲進步的象徵，這就很自然地使國人把關於目的的價值問題轉換成關於（達到那些目的的）手段的價值問題，即價值的工具化。擺脫列強束縛、屹立於強國之林的「民族的自由」是中國特色「現代性方案」的首要課題。〔註13〕

毋庸置疑，杜亞泉早期對科學技術的看法基本上是正面的，對於科學救國抱以樂觀的態度。但是，隨著時間的推移，他的科學觀漸生轉變。「從一個科舉出身的知識分子到崇拜西方科學技術的學者；又醉心於西方文化，推崇西方物質文明轉變到反對全盤西化，主張中西融合，提倡精神文明，這是我父親思想上的兩次重大飛躍。」〔註14〕杜亞泉由樂觀的科學救國論逐步轉向對科學技術持審愼反思的態度。

〔註 9〕 陳獨秀：《再質問〈東方雜誌〉記者》〔M〕//陳崧：《五四前後東西文化問題論戰文選》，北京：中國社會科學出版社，1985 年，第 89 頁。

〔註 10〕 歐陽正宇：〈杜亞泉的科學救國思想及成就〉〔J〕，《甘肅社會科學》，2002 年第 5 期，第 153 頁。

〔註 11〕 葉建柏：〈科學應用論〉〔J〕，《科學》，1911 年第 2 期。

〔註 12〕 張準：《科學發達略史》〔M〕//舒新城：《近代中國教育思想史》，上海：中華書局，1932 年，第 279 頁。

〔註 13〕 丁鋼：《全球化視野中的中國教育傳統研究》〔M〕，桂林：廣西師範大學出版社，2009 年，第 164～170 頁。

〔註 14〕 杜其在：《回憶我的父親——杜亞泉》〔M〕//許紀霖、田建業：《一溪集：杜亞泉的生平與思想》，北京：生活·讀書·新知三聯書店，1999 年，第 43 頁。

二、科學認知有限論

　　杜亞泉認爲，人類的科學認知能力是有限的：「故萬有包含於無極之中，而吾於無極之內，截取其地段若干，而立爲太極。太者大也，最大之至境也。人類所取之太極，即在人類思想能力所已及者爲界，謂太極界。太極界之愈擴而愈大，即人類之進步矣。可知者，無極之界也；可知者，太極之界也」〔註 15〕，強調宇宙是無限的，而人類對宇宙間科學的認知能力卻是有限的；人類的認知能力可以不斷發展，不斷擴大對宇宙的認知，但是永遠不能窮盡對宇宙的認知。後來，杜亞泉提出了與此類似的觀點：「近世科學，進步甚著，往往侵入命運之領土內，擴張知能之區域。然知能所及之區域，無論如何擴張，常爲知能不及之區域所包圍，以知能爲有限性，自然界爲無限性也。故科學雖與命運爲仇敵，然謂科學能戰勝命運，則決無是理。彼持科學萬能說而蔑視命運者，猶於室內燃電燈、置風扇，而謂自然界之晝夜寒暑，皆爲吾人知能所管轄，亦多見其不知量矣。」〔註 16〕

　　與此迥異的是，新青年派極力尊科學爲神明，認爲西方以自然科學爲基礎的思想、精神和方法，可以在世界觀、人生觀、社會歷史觀等方面全面取代傳統，作爲現代社會的新信仰。〔註 17〕而杜亞泉這一凸顯低調、對人類知能有限性的判斷，則充分體現了其懷疑謹愼的科學理性精神，與其早期對科學救國的樂觀態度形成了鮮明對比，更打破了「科學萬能說」，無疑是對科學主義僭妄的矯正。

　　同時，杜亞泉將這一理性科學精神也貫徹到對中西醫價值認識的論辯中。新文化運動伊始，陳獨秀就斷言「中醫非科學」〔註 18〕。與之相呼應，余雲岫對中醫也持鄙薄蔑棄之見，認爲中醫不僅解剖學落後，而且其醫學理論也是非科學的；中醫的生理學和病理學皆立基於陰陽五行學說，而陰陽五行說只是古代哲學家的空想，到了今日科學時代，已全無科學的價值，必須將其徹底摒棄。〔註 19〕杜亞泉決不贊同對中醫價值全盤否定的論調，奮而爭之。「中西醫學，大同小異。習西醫者詆諆中醫，謂中醫專重陰陽五行之

〔註 15〕杜亞泉：〈無極太極論〉〔J〕，《普通學報》，1901 年第 2 期。

〔註 16〕杜亞泉：〈命運說〉〔J〕，《東方雜誌》，1915 年第 7 期。

〔註 17〕張雪松：《陳獨秀：以科學代宗教〉〔N〕，《中國民族報》，2009 年 7 月 14 日，第 4 期。

〔註 18〕陳獨秀：〈敬告青年〉〔J〕，《青年雜誌》，1915 年第 1 期。

〔註 19〕余雲岫：〈科學的國產藥物之第一步〉〔J〕，《學藝》，1920 年第 4 期。

說，憑臆想而不求實驗；信中醫者排斥西醫，謂西醫多用金石劇烈之藥，精外科而不善內治。是皆一孔之見，偏執之論也」〔註 20〕，強調中西醫學理法不同，二者互有優長。「世界上的科學，除了物質方面以外，凡是精神科學社會科學，都不是全靠著機械的試驗，才能成立呢！希望明白科學的，不要作『科學萬能』的迷想。世界事物，在現世科學的範圍以內者，不過一部份。」〔註 21〕

　　「顯然，杜亞泉堅持理性的經驗主義知識論立場，頗近於英倫經驗主義。」〔註 22〕卡爾·波普爾（Karl Popper）把強調人類無知的「理智的謙虛」，歸為以色諾芬尼、蘇格拉底、伊拉斯謨、蒙田、洛克、伏爾泰和萊辛為代表的歐洲懷疑論傳統的共同特徵。〔註 23〕他秉持「科學是一種猜想性知識」的科學觀：「我們的科學知識仍然不是確定的知識。它可以修改。它由可檢驗的猜想、由假定構成——至多由經受了最嚴格的考驗的假定構成，然而，它仍然僅僅由猜想構成。隨著幾乎每一項新的科學成就，隨著對科學問題的每一個假定的解決辦法，未解決的問題的數量和難度也都增加。實際上，它們的增加比解決辦法要快得多。人們很可能說，我們的假定知識是有限的，而我們的無知卻是無限的。但是不僅如此，在對未解決的問題敏感的真正的科學家看來，在非常具體的意義上，世界正越來越變成難解之謎。」〔註 24〕顯而易見，杜亞泉的「科學認知有限論」深契於歐洲懷疑的理性科學精神。

　　隨著時間的推移和時勢的變化，尤其是清末社會變革所導引的中國文化的危機以及第一次世界大戰所暴露的西方文明的困境，杜亞泉的社會關懷重心逐漸由科學技術轉移到精神文明上，並將理性審慎的科學精神滲透至如何處理科學與宗教、中醫與西醫、科技與道德的關係之中，而主張「調和」。

〔註 20〕 杜亞泉：〈中西驗方新編敘言〉〔J〕，《東方雜誌》，1916 年第 11 期。
〔註 21〕 杜亞泉：〈中國醫學的研究方法〉〔J〕，《學藝》，1920 年第 8 期。
〔註 22〕 高力克：《調適的智慧：杜亞泉思想研究》〔M〕，浙江人民出版社，1998 年，第 111 頁。
〔註 23〕 卡爾·波普爾：《通過知識獲得解放》〔M〕，范景中、李本正譯，北京：中國美術學院出版社，1996 年，第 224 頁。
〔註 24〕 卡爾·波普爾：《通過知識獲得解放》〔M〕，范景中、李本正譯，北京：中國美術學院出版社，1996 年，第 231 頁。

三、科學調和論

第一，科學與宗教相調和

杜亞泉認爲，宗教作爲一種精神信仰資源，具有凝聚民族精神和維繫社會秩序的偉大力量，因而現代化不宜蔑棄宗教：「夫宗教倫理，爲民族組成之要素，其支配社會維持治安之潛力，至爲偉大。若被破壞，則善惡無所遵循，是非莫由辨別，人民必將彷徨歧路，靡所適從，精神界之俶擾，有不堪設想者矣。」〔註 25〕在一定意義上，宗教具有其他資源不可替代的，與科學互補調劑的不可或缺的精神價值。正如羅素所言：「世界需要一種能促進生活的哲學或宗教。如果要使生活成爲完全是人的生活，它必須爲某種目標服務，這種目標在某種意義上似乎是在人的生活以外的，就是某種目標，它是非個人的超出於人類的，有如上帝或眞理或美。這一種對於不朽事物的幸福的默想，就是斯賓諾莎所稱的對於上帝的理智的愛。」〔註 26〕杜亞泉繼而指出，一種主義絕對不可能包涵世間萬理，宗教也是如此。「夫以千百年各築藩籬之宗教，乃有接近之一日，此亦足見一種主義之不能包涵萬理，而矛盾之決非不可和協者矣」〔註 27〕，力主現代科學與宗教傳統兼容調和，並預言：「大凡人類於自然界獲得勝利之時，則宗教思想必因之薄弱，若至趨於極端陷於窮境之時，則宗教思想必因之喚起。故今後當爲希伯來思想復興時代，與歷史上文藝復興時代，遙遙相對。」〔註 28〕

科學與宗教的關係，是五四時期中西新舊之爭的焦點問題之一。科學主義思潮立基於孔德實證主義文明進化論，而主張「以科學代宗教」的激進方針。其「重新估定一切價值」的評判準則乃是「以西評中」、「以新衡舊」的單向文化批判，顯然源於尋求富強的「現代化情結」。針對這一現象，張灝作了深刻的揭示：「就思想而言，五四實在是一個矛盾的時代：表面上它是一個強調科學，推崇理性的時代，而實際上它卻是一個熱血沸騰，情緒激蕩的時代；表面上五四是以西方啓蒙運動重知主義爲楷模，而骨子裏它卻帶有強烈的浪漫主義色彩。」〔註 29〕誠如汪暉所指出的，五四思想的內在困境和危機，

〔註 25〕 杜亞泉：〈國家主義之考慮〉〔J〕，《東方雜誌》，1918 年第 8 期。
〔註 26〕 伯特蘭・羅素：《社會改造原理》〔M〕，上海：上海人民出版社，1959 年，第 145 頁。
〔註 27〕 杜亞泉：〈矛盾之調和〉〔J〕，《東方雜誌》，1918 年第 2 期。
〔註 28〕 杜亞泉：〈戰後東西文明之調和〉〔J〕，《東方雜誌》，1917 年第 4 期。
〔註 29〕 張灝：《危機中的中國知識分子》〔M〕//蕭延中：《啓蒙的價值與局限》，太

在於其匱缺作為歐洲啓蒙傳統之基礎的「分析還原和理智重建」的理性方法，而僅僅立基於一種「態度」〔註30〕。而杜亞泉對於科學與宗教的兼容調和態度，恰恰彌補了文化激進主義理性建構不足的缺陷，切中了五四啓蒙思想的偏弊，其「溫和漸進」的「調和」智慧昭然若是。

第二，中醫與西醫相調和。

五四時期中西文化的衝突，在醫學領域中表現為以西醫否定中醫的西化主義傾向。杜亞泉一貫主張調和中醫與西醫，使二者兼容互補，融會貫通。「中西學說，若合符節。有中醫相傳之理，語焉不詳，而西醫則竟委窮源，瞭如指掌者，以西醫之說考之則益明；有西醫發明之事，詡為新得，而中醫則習用已久，視為故常者，以中醫之法證之則益信」〔註31〕，認為中西醫自成系統，各有所長，兩者應互相發明，互相參證，融會貫通。〔註32〕他以西醫的「血液循環」和「神經作用」學說闡釋中醫的「血氣」，以西方病理學的「循環障礙」理論解釋中醫的「血氣不和」與診脈方法，以溫度作用和氣壓作用詮解中醫的「風火寒熱燥濕」（六淫），皆體現了其中西醫學融會貫通的醫學思想和學術功力。20 世紀中國醫學的發展以及中西醫學結合的趨勢，證明了杜亞泉中西醫學融合思想的深刻洞見。〔註33〕當代著名醫學家陳可冀針對中西醫結合問題，曾評價說，中醫與西醫是兩種截然不同的醫學體系，各有優點和短缺。這兩種思維方式應兼容互補。中西醫學最終將統一在一個完整的醫學體系裏。〔註34〕後人已經體悟到了杜亞泉中西醫調和論的前瞻性和遠見卓識。

第三，科技與道德相調和。

面對西方文化的衝擊，清末民初中國著力進行了一系列社會變革，但終歸還是給國人留下了失望，甚至絕望。中國文化頻陷危機之中；同時，第一次世界大戰慘絕人寰，創深痛巨，使歐人對自己的前途與命運痛失信心，陷

原：山西人民出版社，1989 年，第 54 頁。
〔註30〕汪暉：《無地彷徨·序》〔M〕，杭州：浙江文藝出版社，1994 年，第 16 頁。
〔註31〕杜亞泉：〈中西驗方新編敘言〉〔J〕，《東方雜誌》，1916 年第 11 期。
〔註32〕杜亞泉：〈中國醫學的研究方法〉〔J〕，《學藝》，1920 年第 8 期。
〔註33〕高力克：《調適的智慧：杜亞泉思想研究》〔M〕，浙江人民出版社，1998 年，第 153 頁。
〔註34〕朱彤：〈中醫要引進現代科學——訪第一代中西醫學家陳可冀院士〉〔J〕，《三聯生活週刊》，1997 年第 20 期。

於悲觀、混亂、迷茫之境。「歐人危疑彷徨，不知所措，雜藥亂投，實陷於理性危機之中。」〔註35〕尤其是斯賓格勒《西方的沒落》一書的出版，更表徵了歐人對自己文化的惆悵。杜亞泉有感於時代的變遷，強烈呼籲國人切莫對科學技術持盲從態度。「自歐戰發生以來，西洋諸國，日以其科學所發明之利器，戕殺其同類，悲慘劇烈之狀態，不但為吾國歷史之所無，亦且為世界從來所未有。吾人對於向所羨慕之西洋文明，已不勝其懷疑之意見。則吾人今後，不可不變其盲從之態度，而一審文明真價之所在。」〔註36〕他進一步指出，科學僅為發達經濟的手段。若經濟之目的已誤，則手段愈高，危險亦愈甚。西洋社會以科學為前驅，其經濟目的在滿足其生活所具的欲望，無限之欲望隨之而昂進。其結果，使西洋社會之經濟消耗於奢侈，浪費於軍備，破壞於戰爭〔註37〕；並檢省道，十餘年來自己一直嚮往和信賴西洋工藝，以為工藝為一切事物之本。及世界大戰爆發，考察此戰爭發生的原由，才始認識工藝的流弊，戰爭乃「工藝之流毒」。〔註38〕

「杜氏關於西方資本主義社會中科學技術助長人之欲望的擴張，從而導致奢侈生活和世界戰爭的看法，可謂深刻揭示了西方現代文明的困境。」〔註39〕他對科學價值的深刻反思，警示國人：必須清醒、理智地看待科學的價值，對其切莫過於信賴，科學技術僅為工具理性的手段，現代人類若不善加利用之，則科技的進步有可能給人類文明帶來災難性的負面影響。

杜亞泉認為，「平情而論，則東西洋之現代生活，皆不能認為圓滿的生活，即東西洋之現代文明，皆不能許為模範的文明。戰後之新文明，自必就現代文明，取其所長，棄其所短，而以適於人類生活者為歸」〔註40〕，主張建立西方科學與東西方道德相融合的新文明。他預言，源於希臘文化的西方科學與源於希伯來文化的西方道德在歐戰後必然會走向融合；相信中國道德本來就與希臘希伯來道德多有契合之處，西方兩西傳統道德相互調和之後，與中國道德傳統必將異曲同工；提醒國人在融合西方科學時務必理智：「西洋事物

〔註35〕 韋拉里：《韋拉里論理智之危機》〔N〕，《大公報・文學副刊》，1928 年 3 月 5 日，第 2 期。
〔註36〕 杜亞泉：〈靜的文明與動的文明〉〔J〕，《東方雜誌》，1916 年第 10 期。
〔註37〕 杜亞泉：〈戰後東西文明之調和〉〔J〕，《東方雜誌》，1917 年第 4 期。
〔註38〕 杜亞泉：〈《工藝雜誌》序〉〔J〕，《東方雜誌》，1918 年第 4 期。
〔註39〕 高力克：《調適的智慧：杜亞泉思想研究》〔M〕，浙江人民出版社，1998 年，第 63 頁。
〔註40〕 杜亞泉：〈戰後東西文明之調和〉〔J〕，《東方雜誌》，1917 年第 4 期。

輸入吾國者，必審其於生活上之價值如何。科學上之智識技能，當利用之以生產日常須要之物，使其產出多而價值廉，以應下層社會之用，而救其缺乏，勿任貪黠之徒，利用科學，以施其兼併侵略之技。」〔註41〕

顯然，杜亞泉推崇「經濟道德俱發達者爲文明」。「杜氏從其經濟與道德並重的文明觀出發，通過檢省和反思西方科學技術進步和工業文明發展的負面效應，而提出了其科學技術與倫理道德相調和的主張。這種文明調和論主張以公正的社會經濟發展目標來規約科學技術的發展，強調科技的運用應以滿足大眾的正當生活需求爲目的，而不應淪爲少數上層社會追逐欲望的工具。杜氏在科技應用問題上之以理性節制欲望，以及公平與效率相結合的思考，提出了現代化中以倫理規約科技，以及工具理性與價值理性相平衡的重大文化課題。這些無疑是深刻的見解」〔註42〕，其思想智慧在五四思想界可謂獨樹一幟。

杜亞泉的「科學調和論」充分體現了其辯證中和的思想特質，與獨尊科學爲神明而蔑棄傳統的科學主義、詆毀科學而專崇孔孟的復古主義相比，凸顯了多元、開放、辯證、周詳的「溫和漸進」之風。誠如有學者所指出的，這既不同於保守主義的全面固守傳統徹底排斥西方科技，也不同於激進主義的徹底放棄傳統完全接受西方科技，還不同於折衷主義的固守傳統價值卻接受西方實用技術。總體上說，這是一種特殊形式的文化相對主義。〔註43〕

需要特別指出的是，儘管杜亞泉秉持理性審慎的科學認知有限與調和論，但是他對科學的倡導一直矢志不渝，堅信科學技術是現代文明進步的基本動力，也是中國達至富強的必有之路，勵志培養「科學的勞動家」，畢生致力於科學教育和傳播事業。他預言，隨著科學技術的進步，「自農業、工藝、交通、運輸諸事業，土木、機械、電氣諸工程，幾經研究改良，無一不須精密之知識，與熟練之技能。於是社會中發生一有力之新階級，即有科學的素養而任勞動之業務者。此等科學的勞動家，以社會上之需要，日增月盛。國家社會間一切機關、職業，悉落於勞動家之手。吾尤望吾朦朧無意之國民，注目於未來之大勢，預備爲科學的勞動家，以作二十一世紀之主

〔註41〕 杜亞泉：〈戰後東西文明之調和〉〔J〕，《東方雜誌》，1917 年第 4 期。
〔註42〕 高力克：《調適的智慧：杜亞泉思想研究》〔M〕，浙江人民出版社，1998 年，第 64～65 頁。
〔註43〕 任元彪：〈面對西方科學的衝擊：杜亞泉回應方式〉〔J〕，《科學文化評論》，2006 年第 2 期。

人焉。」〔註44〕

　　針對杜亞泉的科學觀，從整體上作出中肯總結的，莫過於胡愈之代表
《東方雜誌》編輯部的「蓋棺」評價最具權威性：「在中國科學發達史中，先
生應該有一個重要的地位。到了先生主編《東方雜誌》的時候，雖提倡精
神文明，發揚東方思想，因此與五四時期的《新青年》雜誌，曾有過一次論
戰，但是先生始終沒有放棄科學的立場，其對於人生觀和社會觀，始終以
理知支配欲望爲最高的理想，以使西方科學與東方傳統文化結合爲最後的
目標。所以從思想方面說，先生實不失爲中國啓蒙時期的一個典型學者。」
〔註45〕杜亞泉開創了中國近代科學啓蒙的一個新路徑，具有獨特的意義與
價值。

四、「調和」的智慧：「另一種啓蒙」

　　民初中國新思潮伴隨著「調和」與「激進」兩種路線的日形牴牾而彼此
消長地演進著。陳獨秀痛斥「調和」：「無論政治學術道德文章，西洋的法子
和中國的法子，絕對是兩樣，斷斷不可調和牽就的。因爲新舊兩種法子，好
像水火冰炭，斷然不能相容；要想兩樣並行，必至弄得非牛非馬，一樣不成」
〔註46〕，視「調和」爲「很流行而不祥的論調」，「人類惰性的惡德」〔註47〕，
胡適也將「調和」看作「懶人儒夫」所爲〔註48〕。他們堅持矯枉過正的激進
路線，以「石條壓駝背」爲指針，實現國民性改造，由此在科學啓蒙上就自
然奉行科學主義，對科學過度信任，推崇科學爲萬能的現代神話。而杜亞泉
慮及激進的革命易導致社會倫理的失範和國民心理的非理性傾向所難免的破
壞性後果，而主張溫和理性的思想啓蒙，相應的，在科學觀上堅持經驗主義
的知識論立場，崇尚審慎的理性科學精神，力倡「調和」。

　　誠然，文化激進主義合乎時代潮流，固然不乏其矯枉過正的深刻的歷史
合理性，而杜亞泉的「科學調和論」則以其穩健的姿態，防避了其矯枉過正
的破壞性流弊，體現了多元、開放的思想特徵。「假如我們不再持有一元論心
態的話，就無法否認這也是一種啓蒙。不過是另一種啓蒙，一種溫和的、中

〔註44〕杜亞泉：〈未來之時局〉〔J〕，《東方雜誌》，1917 年第 7 期。

〔註45〕胡愈之：〈追悼杜亞泉先生〉〔J〕，《東方雜誌》，1934 年第 1 期。

〔註46〕陳獨秀：〈今日中國之政治問題〉〔J〕，《新青年》，1918 年第 1 期。

〔註47〕陳獨秀：〈調和論與舊道德〉〔J〕，《新青年》，1919 年第 6 期。

〔註48〕胡適：〈新思潮的意義〉〔J〕，《新青年》，1919 年第 1 期。

庸的啓蒙。」〔註49〕

其實，杜亞泉的啓蒙思想立基於「科學救國」，也同樣有實現國民「倫理之覺悟」的宏願——陶鑄「科學的勞動家」，他以自己傳播科學的實踐體悟來告訴國人：什麼是科學，中國為什麼要引進科學，怎樣引進科學。科學啓蒙事業不僅要求對科學知識、科學方法的把握，而且更要重視對科學精神的注入，而文化激進主義恰恰缺乏對科學知識、方法的掌握，包括對傳統的評判，在高喊科學的同時，卻偏離了科學，並非真正的「科學」行為，杜亞泉所批判的也正在於此。另外，我們必須清醒地看到，杜亞泉過於注重作為知識體系的科學，而相對輕視作為社會哲學的科學，且在一定意義上將「調和」演化為「教條」，這就不免使其科學啓蒙有所乏力。對此作出「理性」的科學認識，也是杜亞泉科學啓蒙理性精神的本質要求之所在。

〔註49〕許紀霖、田建業：《杜亞泉文存》〔M〕，上海：上海教育出版社，2003年，第496～497頁。

伍、作時代主人：回望杜亞泉「科學的勞動家」

摘要：在科學技術日新月異的今天，如何培育真正意義上的時代主人，乃當下教育的應然擔當。在「工藝時代」的 20 世紀，杜亞泉預言未來社會的有生力量是「科學的勞動家」，呼籲國人從懵懂中醒悟過來，砥礪奮進，預備作 20 世紀的主人。回望杜亞泉「科學的勞動家」，體味其科學召喚的歷史強音，求索其「任勞動」品格的深刻意蘊，尋覓其獨立自營的價值訴求，對於我們深入思考時代主人的素養構成，不乏現實啟迪之功。

關鍵詞：杜亞泉；科學的勞動家；時代主人；核心素養

杜亞泉（1873～1933），原名煒孫，字秋帆，別號亞泉，又署傖父、高勞。浙江紹興會稽縣傖塘鄉（今上虞市傖塘鎮）人，中國近代著名的啟蒙思想家和科學教育家，「中國科學界的先驅」[註1]。在「工藝時代」的 20 世紀，他撰文《未來之世局》，深感大戰爭後政黨必滅，民主政治的前途在於武人必滅，於是預言：「自農業、工藝、交通、運輸諸事業，土木、機械、電氣諸工程，幾經研究改良，無一不須精密之知識與熟練之技能。於是社會中發生一有力之新階級，即有科學的素養而任勞動之業務者。此等科學的勞動家，以

〔註 1〕 胡愈之：〈追悼杜亞泉先生〉〔J〕，《東方雜誌》，1934 年第 1 期。

社會上之需要，日增月盛。國家社會間一切機關、職業，悉落於勞動家之手。故其時民眾，已非曩時朦朧無意之狀態。除少數坐食之富人及若干無業之貧民外，皆爲此有學識而任業務之人」。質言之，他堅信未來是一個以專業技術爲驅動力的社會，各行各業都需要有科學素養的專門人才，他們是未來社會的中堅。基於此，他特別強調：「吾尤望吾朦朧無意之國民，注目於未來之大勢，預備爲科學的勞動家，以作二十世紀之主人焉。」〔註2〕論點堅實，見解深邃。縱觀當今社會大變革對時代主人的核心素養要求——能夠準確把握時代脈搏，主動順應時代發展，積極推進時代進步，有力主宰自我與外界，從而實現個人終身和社會的可持續發展，回望杜亞泉「科學的勞動家」，從中汲取有價值的思想資源，頗有意義。

一、體味「科學的勞動家」科學召喚的歷史強音，提升時代主人的 科學素養

在當今知識經濟大潮的衝擊下，「科技實力決定國家命運」的觀念已深入人心，於是著力提升國民的科學素養，使其成爲助推時代發展的主力軍，便成爲實施科教興國戰略的核心內容。那麼，作時代主人亟需哪些科學素養，人們對此構成做了深入研究。有人將其分爲知識結構、智力結構和非智力結構〔註3〕；知識、能力、方法和品德四個方面〔註4〕；強烈的科學意識和科學觀念、科學思維方法和工作方法、科學精神和科學態度〔註5〕；抑或將其分爲以下四個範疇：科學進取心、科學世界觀、正確觀察科學的能力、科學思維習慣〔註6〕。美國學者認爲，欲能準確把握時代發展的脈搏，成爲社會有生力量，應具備六個方面的科學素養：概念性知識、科學的理智、科學的倫理、科學與技術、科學與社會、科學與人文。〔註7〕聯合國教科文組織在 1972 年

〔註2〕 杜亞泉：〈未來之世局〉〔J〕，《東方雜誌》，1917年第7期。

〔註3〕 袁正光：〈要重視科技素質的教育〉〔J〕，《教育研究》，1993年第8期，第46頁。

〔註4〕 江琳才：〈試論科技素質的構成〉〔J〕，《華南師範大學學報》（社會科學版），1994年第4期，第102頁。

〔註5〕 苗作斌：〈提高科學素質培養優秀人才〉〔J〕，《教育研究》，1995年第9期，第69頁。

〔註6〕 許慶瑞、吳剛：〈教育如何適應當代科技發展對人才素質的新要求〉〔J〕，《科學管理研究》，1994年第2期，第78頁。

〔註7〕 鍾啓泉：〈國外「科學素養」說和理科課程改革〉〔J〕，《比較教育研究》，1997年第1期，第32頁。

的《富爾報告》中曾明確指出：「在現代文明中，只有一個人不僅能夠應用科學方法，而且能夠懂得若干科學方法，他才能夠參加生產。……科學訓練和培養科學精神看來乃是當代任何教育體系的重要目標之一。」〔註8〕由此可見，眾所共識的是：科學素養乃時代主人的必備品格和關鍵能力之一。

杜亞泉早在1901年《〈亞泉雜誌〉序》中就明確提出：「今世界之公言曰：二十世紀者，工藝時代」，呼籲國人「潛心實際，熟習技能，各服高等之職業，猶為不敗之基礎也。」〔註9〕其中，這裡的「熟習技能，各服高等之職業」與他在《未來之世局》中所論及的「依科學及機械學之進步，新發明之武器，其勢力遠在意想以外。製造者與使用者，皆非專門不辦，而戰術為之一變」〔註10〕，旨趣一致：順應科技發展要求，作時代主人，國民需要具備科學素養，砥礪成為專業化人才。杜亞泉希冀國民高度關注「格致算化農商工藝諸科學」，自覺學習科學，「有明通之學識，有應用之藝能」〔註11〕，竭力「儲備知識，未始不可留為後日之用」〔註12〕，每個人都要「儲能」：「欲立身社會，表現個人之能力，則不可不具相當之學藝，故曰儲能。……凡屬普通應用者，皆當習之。」〔註13〕「夫學校之中，授人以知識技能，使其得應用此知識技能以自營生活，誠為教育中所應有之事。」〔註14〕顯而易見，杜亞泉意在希望國民能夠掌握科學技術，以立足於社會。他曾力主：「政治與藝術之關係，自其內部言之，則政治之發達，全根於理想，而理想之真際，非藝術不能發現。自外部觀之，則藝術者固握政治之樞紐矣。且政治學中之所謂進步，皆借藝術以成之」〔註15〕，坦言科學技術進步乃國家富強之本，把科學技術視為促進社會發展的內生變量，「表明他已從『中體西用』的拘囿中走了出來，堪為獨具慧眼。」〔註16〕杜亞泉對科學救國抱以樂觀態度，真

〔註8〕 聯合國教科文組織國際教育發展委員會編著，華東師範大學比較教育研究所譯：《學會生存——教育世界的今天和明天》〔M〕，北京：教育科學出版社，1996年，第185～186頁。
〔註9〕 杜亞泉：《〈亞泉雜誌〉序》〔J〕，《亞泉雜誌·創刊號》，1900年第1期。
〔註10〕 杜亞泉：《未來之世局》〔J〕，《東方雜誌》，1917年第7期。
〔註11〕 杜亞泉：《破除享福之目的》〔J〕，《東方雜誌》，1914年第5期。
〔註12〕 杜亞泉：《吾人今後之自覺》〔J〕，《東方雜誌》，1915年第10期。
〔註13〕 杜亞泉：《個人之改革》〔J〕，《東方雜誌》，1914年第12期。
〔註14〕 杜亞泉：《迷亂之現代人心》〔J〕，《東方雜誌》，1918年第4期。
〔註15〕 杜亞泉：《〈亞泉雜誌〉序》〔J〕，《亞泉雜誌·創刊號》，1900年第1期。
〔註16〕 閻乃勝：《論杜亞泉的科學觀》〔J〕，《自然辯證法研究》，2010年第8期，第100頁。

誠期盼「科學的勞動家」以拳拳之心，「第一當研求科學」〔註17〕，踐行科學救國，賦予了這一時代主人明確的責任和使命。

　　科學技術具有嚴密的邏輯性和客觀的真理性，對人的生存發展具有基礎性作用。斯賓塞曾指出，為了直接保全自己或是維護生命，為了正當地完成父母的職責，為了解釋過去和現在的國家生活，為了各種藝術的完美創作和最高欣賞所必需的準備，為了智慧、道德、宗教訓練的目的，最有效的學習，就是科學知識。〔註18〕另外，像人們的觀察技能、實驗技能、思維技能、創造技能，是在習得了一定的科學知識基礎上形成和發展起來的。當代德國哲學家恩斯特·卡希爾把人定義為「符號的動物」。「符號化的思維和符號化的行為是人類生活中最富有代表性的特徵，並且人類文化的全部發展都依賴於這些條件，這一點是無可爭辯的。符號則是人類的意義世界之一部份。」〔註19〕生活在現實世界的人，也生活在特定的符號世界之中，如果人不理解代表人類認識和情感的各種符號，就不能稱之為真正意義上的人，更談不上「時代主人」。科學技術就是人類需要理解的符號，它是人類存活於世的必備素養。「符號系統的原理，由於其普遍性、有效性和全面適應性，成了打開特殊的人類世界——人類文化世界大門的開門秘訣！一旦人類掌握了這個秘訣，進一步的發展就有了保證。」〔註20〕杜亞泉主張國民要儲備科學技術，順應了時代發展對人的科學素養要求，論斷鏗鏘有力。目前人類生活，處處都蘊含著科學因子。更何況當今我國國民的科學素養亟待於進一步提高。拿 2015 年為例，我國具備基本科學素養的公民比例為6.20%，僅僅達到了創新型國家對國民素質要求的「最低」門檻。《全民科學素質行動計劃綱要實施方案（2016～2020 年）》對「十三五」期間我國公民科學素質實現跨越提升作出總體部署：到 2020 年我國公民具備科學素質的比例由 2015 年的 6.20% 提升到 10% 以上。作育時代主人，需要在科學素養上著實發力。

〔註17〕　杜亞泉：〈潯溪公學開校之演說〉〔J〕，《普通學報》，1902 年第 4 期。

〔註18〕　〔英〕斯賓塞著，胡毅譯，教育論》〔M〕，北京：人民教育出版社，1962 年，第 43 頁。

〔註19〕　〔德〕恩斯特·卡希爾著，甘陽譯：《人論》〔M〕，上海：上海譯文出版社，1985 年，第 35 頁。

〔註20〕　〔德〕恩斯特·卡希爾著，甘陽譯：《人論》〔M〕，上海：上海譯文出版社，1985 年，第 35 頁。

二、求索「科學的勞動家」的「任勞動」品格，砥礪時代主人的勞動觀念

「科學的勞動家」的另一核心素養是「任勞動」。杜亞泉認為，只有「任勞動」，才能稱得上是真正的「科學的勞動家」。他反覆闡發了「任勞動」品格的思想內涵。

首先，杜亞泉視勞動為人之為人的義務。他十分推崇俄國大文豪托爾斯泰的勞動觀：「人不可不勞動以自支生活，無論何人，不能有利用他人之勞動而奪其生產之權利。」〔註 21〕他痛斥人類的寄生蟲：資本家、地主、君主官吏：「今勞動之人無一得自由者，而公然拋棄其人間之義務，利用他人之勞動，奪他人生產以生活之特權，則自古至今猶不能廢」〔註 22〕，深刻揭批了當時我國社會的病因：一小部份不勞動的人霸佔了勞動者的果實，另外一大部份人則淪為悲慘境地或走上擾亂社會的道路。救治的方法是「普視於社會全體，俾人人觀念中，曉然於自食其力，為天然之公例」〔註 23〕，疾呼以勞動的方式為生活而奮鬥：「不奮鬥不足以生存於現世」〔註 24〕，視奮鬥為專求幸福的處世法。杜亞泉將勞動看作是人類存活於世的義務，可謂抓住了勞動概念的思想精髓：勞動是人類社會存在和發展的最基本條件——勞動創造了世界，同時也創造人類自身，在人類形成過程中起了決定性作用。「人生而為人，就有一種人的天職，他就應該在自己能力的範圍內，也為這個世界、為其他的人做些什麼。他所食用、所喜歡、所看重的一切都不是從天上掉下來的，必有人為之付出了勞動，即使這些均為自然界所賜，他對這自然界也負有一種義務。」〔註 25〕勞動義務是勞動者的天職，它是從人與人的關係中、從人作為人與其他動物的區別中衍生出來的。我國憲法明文規定，勞動既是公民的權利，又是公民的義務。杜亞泉賦予了「科學的勞動家」明確的勞動義務，其思想的前瞻性和敏銳性由此可見一斑。

不容忽視的是，當下有人卻淡化甚至丟棄了勞動觀念：對勞動「無意識」、

〔註 21〕 杜亞泉：〈勞動主義〉〔J〕，《東方雜誌》，1918 年第 8 期。
〔註 22〕 杜亞泉：〈勞動主義〉〔J〕，《東方雜誌》，1918 年第 8 期。
〔註 23〕 杜亞泉：〈吾人將以何法治療社會之疾病乎〉〔J〕，《東方雜誌》，1913 年第 6 期。
〔註 24〕 杜亞泉：〈新舊思想之折衷〉〔J〕，《東方雜誌》，1919 年第 9 期。
〔註 25〕 李建華：〈蔣直平，論勞動的道德關係〉〔J〕，《道德與文明》，2007 年第 4 期，第 69 頁。

視勞動爲負擔。我國中央電視臺曾播出《勞動最光榮》節目，旨在提醒人們：勞動最光榮，不勞而獲可恥。不「任勞動」，其實就是沒有主人意識。當今科技飛速發展，知識更新加快，我們處在一個以指數發展的時代：經濟合作國際化、信息傳播全球化、生態環境一體化、活動範圍世界化，尤爲需要勞動者以新的姿態應對現實挑戰，不斷主動提升自身的綜合素養。人是生產力中最活躍的因素，科學技術屬於潛在的生產力，而人是科學技術進步的直接操作者、推動者和科學知識的載體，科學技術只有被人，確切地說，只有爲勞動者所掌握，才可有力地提高認識自然、改造自然的能力。「勞動者和科學技術的結合形成人的科學文化素質，這種素質構成了『主體生產力』，是生產勞動的巨大資源。這種『主體生產力』可稱爲『人力資源』。」〔註26〕只有人「任勞動」，才可促進自身發展，推動社會進步，才可成爲時代主人。不「任勞動」，何談緊跟時代步伐，何談順應時代發展，尤其是沒有創新性勞動，定會被時代所淘汰。作時代主人，務必「任勞動」。

其次，杜亞泉將「任勞動」作爲「科學的勞動家」的必備道德素養來考量。對於國民道德，他主張：「今後之道德當若何？曰：變其不合時勢者一二端可已。」〔註27〕他著重指出：「移權利之競爭而爲服務之競爭也。……不爲權利之角逐，而爲職務之服勤。必使農奮於野，工勉於肆，商振於廛，士勵於校，而從政之百執事，亦因其責之所在而各盡所長，則國是庶有豸也。況乎權利者，與義務爲對待之名詞，亦爲交換之代價，致其力與此，未有不收其效於彼者乎」〔註28〕，呼籲各行各業就其位，盡其責，自覺擔負起與自身角色相匹配的職責，即在各自的崗位上傾力服務，勤勉工作，希望「科學的勞動家」具有「勞動就是爲自己工作服務」的道德品質。這是從道德素養層面，對勞動概念的進一步深化。勞動創造財富。「自然界爲勞動提供材料，勞動把材料變爲財富。」〔註29〕人類改造世界，積累財富，滲透著勞動者的汗水。「勞動關係構成了人類社會最基本的道德關係」〔註30〕。道德的根本問題

〔註26〕 奚玲：〈21 世紀我國社會對人才素質的要求〉〔J〕，《遼寧師範大學學報》（社會科學版），1999 年第 5 期，第 23 頁。

〔註27〕 杜亞泉：〈國民今後之道德〉〔J〕，《東方雜誌》，1913 年第 10 期。

〔註28〕 杜亞泉：〈國民今後之道德〉〔J〕，《東方雜誌》，1913 年第 10 期。

〔註29〕 馬克思、恩格斯：《馬克思恩格斯全集》（第 20 卷）〔M〕，北京：人民出版社，1979 年，第 509 頁。

〔註30〕 李建華：〈蔣直平，論勞動的道德關係〉〔J〕，《道德與文明》，2007 年第 4 期，第 69、67 頁。

是怎樣處理人們之間的利益關係問題：勞動是人們的根本利益所在，對待勞動就是對待人們的根本利益，就是一個道德問題；勞動的過程是處理人與人的關係的過程，怎樣對待勞動就是怎樣處理人與人的關係，也就是一個道德問題。

當今社會的發展與進步使一切形式的生產力都處於勞動者的意識中，真正成為由勞動者所控制的力量，由此每個人都要為自己的崗位工作付出勞動，即為其提供服務。我們可從杜亞泉「科學的勞動家」的「為職務之服勤」中領悟到頗有見地的指導思想：作時代主人，砥礪「勞動即服務」之德行，強化勞動意識，砥礪勞動觀念，堪為人生的本然所需。

三、尋覓「科學的勞動家」獨立自營的價值追求，養育時代主人的自立精神

杜亞泉認為，作為業務者的「科學的勞動家」，只有「各服高等之職業」，才可「猶為不敗之基礎」。他深感影響和制約「科學的勞動家」成長的因素有兩個：國人重視官吏的心理和出身獎勵政策。「蓋人民既視官吏為最優之職業，則必努力以造成官吏之人才，教育乃首承其弊。」〔註31〕其具體表現為產生多數候補官吏，供過於求，其生活則依賴於農工商之手，使國民競相傲仿，謀求寄生生活，國家社會生產最終會日漸衰弱。只有個人各自獨立，各有生產業務，社會基礎才能穩固。相反，若多數人依賴社會而生活，則少數獨立者必受牽掣，困難日甚，結果是「依賴之結果必共倒」。杜亞泉在此意在表明：占社會人口多數的「科學的勞動家」，只有生活獨立自營，社會才可得以良性運行。他尤為反對當時的出身獎勵政策：「今日之時勢，無論學堂、為科舉，苟僅恃出身獎勵以為教育行政上之政策，則其勢必處於失敗，而決不能收其預期之效果者也。」〔註32〕這裡的預期之效果指的是持出身獎勵政策達普及教育的目的。由此他明確指出：「夫教育之基礎，當立於國民生活之上，不當立於官吏進身之上者也。國民當以謀生活之故而求教育，不當以作官吏之故而受教育。」〔註33〕比較而言，「以謀生活之故而求教育者，當其在學校之時，所研究之學業，所懷抱之希望，無一不求其適於將來社會之生活，畢業以後，即為獨立自營之國民。世界教育家之論普通教育也，於智育

〔註31〕 杜亞泉：〈論人民重視官吏之害〉〔J〕，《東方雜誌》，1912年第4期。
〔註32〕 杜亞泉：〈論今日之教育行政〉〔J〕，《東方雜誌》，1911年第2期。
〔註33〕 杜亞泉：〈論今日之教育行政〉〔J〕，《東方雜誌》，1911年第2期。

一方面，無不以教授生活上所必須之知識技能爲本旨，蓋以此也。若夫以作官吏之故而受教育，則其效果有適相反者也。……國民之中，失望於無業者衆，則國家之大戚也。」〔註34〕作爲未來社會的有生力量，「科學的勞動家」理應追求獨立自營的生活，若摒棄或者背離了這一價值觀，定會「貽害於今日之政治」、「流毒於將來之社會」。換言之，教育的價值旨趣在於培育出自立的「科學的勞動家」。杜亞泉希望中國新勢力「科學的勞動家」：「惟儲備其知識能力，從事於社會事業，以謀自力的生活」〔註35〕，從而肩負起時代主人之責。

所謂自立，意即盡自己的力量，自食其力，而非坐等享福。他對破除國人享福的生活目的，做了淋漓盡致的闡釋：「吾人之目的在生活，生活之意義，爲心力體力之活動，活動之結果，成宇宙間種種之工作。吾國語言中，常稱工作曰生活，則工作實生活之表現也。感快樂而不感苦痛，固生活之目的中所不能不要求者，然此要求既根據於生活之目的而來，若轉因此要求以破棄其生活之目的，其謬誤不已甚乎！吾中國人以享福爲人生之目的，以吾言之，則享福實違反人生之目的者也。……人生之福，隨造而隨享，以心力體力活動而成之工作，爲得快樂而免苦痛之代價。不活動，無工作，則快樂即去，苦痛立至。」〔註36〕同時，杜亞泉深諳「工藝時代」的我國政府過多的干預教育的自由發展，致使國力凋敝，爲此他力主實行減政主義：政府「去其干涉之手段」、「盡其誘導之責任」，「不必自爲教育家」，給教育自由發展的空間，「養其活力之泉源而勿涸竭之，順其發展之進路而勿障礙之」，〔註37〕爲「科學的勞動家」全心追求獨立自營的生活，作好時代主人，搭建順暢的活動平臺。

當然，「科學的勞動家」不僅要有「追求獨立自營的生活」的價值觀，以自立於世，而且他們之間也需團結協作，擁有「共同之概念」，杜亞泉並未忽視這一點：「必其人民與人民間，意識思慮大致相同，好惡愛拒不甚懸隔，判斷事理既無顯著之差違，辨別是非復鮮反覆之矛盾，夫而後群策群力，相繫相維，而國本於以奠定焉，則國民共同之概念是已。」〔註38〕他著眼於「科

〔註34〕 杜亞泉：〈論今日之教育行政〉〔J〕，《東方雜誌》，1911 年第 2 期。
〔註35〕 杜亞泉：〈中國之新生命〉〔J〕，《東方雜誌》，1918 年第 7 期。
〔註36〕 杜亞泉：〈破除享福之目的〉〔J〕，《東方雜誌》，1914 年第 5 期。
〔註37〕 杜亞泉：〈減政主義〉〔J〕，《東方雜誌》，1911 年第 1 期。
〔註38〕 杜亞泉：〈國民共同之概念〉〔J〕，《東方雜誌》，1915 年第 11 期。

學的勞動家」的自立精神養育，其實是在喚起人們的覺醒：人與人之間的合作共贏固然重要，但個體首先自立更是前提基礎。爲此，我們引導當今時代主人樹立自立理念是應然之爲。目前知識經濟情勢下社會分工越來越細，由此帶來專業性越來越強，這樣人與人之間的勞動交換也就成爲必然，而「勞動交換單在生產領域或單在分配領域都不可能完成，只有在生產與分配前後銜接、結成一個整體的過程中，才能夠完成。在勞動者個人與社會之間發生的是流動形態的勞動與物化形態的勞動的交換。」〔註39〕其成功只有在勞動者個人各自相對獨立經營的前提下，換算爲抽象勞動時間後才可進行。毋容置疑，我們需要引導當下社會的有生力量專注於自己的業務領域，以獨立自營的生活而自立。這是顛撲不破、亙古不變的價值旨歸。

作爲我國上個世紀初自由主義的啓蒙學者，杜亞泉先生爲栽植社會需要的人才，鞠躬盡瘁，對民族的未來充滿信心，理性引入「科學的勞動家」這一理想人格於中國未來社會，周詳穩健，彰顯了「調適的智慧」〔註40〕，爲我們反思、建構時代主人的核心素養，提供了沉實厚重的歷史鏡鑒之源。

〔註39〕嚴銘：〈論馬克思的勞動交換思想〉〔J〕，《馬克思主義研究》，1984 年第 2 期，第 224 頁。
〔註40〕高力克：《調適的智慧》〔M〕，杭州：浙江人民出版社，1998 年，第 1～6 頁。

陸、論杜亞泉的教育改革觀

　　摘要：爲實現「眞共和」，促進近代中國社會轉型，杜亞泉力倡社會改革。他認爲，教育是社會改革的根本，要從國民性的改造著眼，陶鑄國民重「原理」、「共同概念」和「精確正當穩健」的社會心理，培育自力、自治和「科學的勞動家」等現代新型國民；推進教育普及和體制改革。這一深邃的歷史洞見沿循「溫和漸進」的教育改革理論，閃耀著理性的啓蒙智慧光芒。

關鍵詞：杜亞泉；教育改革；溫和漸進

　　杜亞泉（1873～1933），原名煒孫，字秋帆，別號亞泉，又署高勞、傖父。浙江紹興會稽縣傖塘鄉（今上虞市傖塘鎮）人，中國近代著名的科學教育家和啓蒙思想家，畢生致力於科學傳播和教育事業，被尊爲近代「中國科學界的先驅」〔註1〕。在救亡圖存的時代要求下，杜亞泉胸懷教育救國職志，銳意教育改革，視教育爲推進社會改革的重要著力點之一，呼籲教育普及和體制改革，陶鑄理想國民，以實現國家的「眞共和」和促進社會的現代化轉型。他沿循「溫和漸進」的教育改革路線，在中國近代教育史上頗具影響，閃耀著理性的啓蒙智慧光芒。

〔註 1〕 胡愈之：〈追悼杜亞泉先生〉〔J〕，《東方雜誌》，1934 年第 1 期。

一、教育：社會改革的根本

　　近代中國，要求社會改革的呼聲一浪高過一浪。辛亥革命完成了人們夢寐以求的制度變革，但國人依然生活於民主流產的「共和幻想」時代。按照胡適的說法，自 1910 年至 1917 年的短短 7 年間，中國政治先後「革了三次命，朝代也換了幾個了」〔註2〕。針對「武人干政、黨人爭權」的「假共和」時局，杜亞泉認爲「眞共和」可謂「可望不可即」，但是國人「皆以要求眞共和爲標幟，是其目的故無不同也。」〔註3〕那麼，如何實現「眞共和」呢？杜亞泉傾向社會改革。「近二三十年以內，社會變動之狀況，雖左旋右轉，方向不同，而以其改革爲動機則一也。社會間稍有智慧之人士，其對於社會之運動，雖溫和急進，而其以改革爲目的則一也。改革云者，實吾儕社會新陳代謝之機能，而亦吾儕社會生死存亡之關鍵矣。」〔註4〕尤爲重要的是，杜亞泉力倡教育對社會改革的效用。「眞共和之成立，不外二因。一爲國內農工商業之發達，二爲國民教育之普及」〔註 5〕；「然就目前中國現狀而爲治標之策，則必以開通知識爲前提，而尤以普瀹常識爲急務。」〔註6〕他把社會改革的目光投向了個人，投向了教育，爲社會改革明確了發力路向：著力教育改革，才能推進社會改革。換言之，他提出了社會改革的教育推動機理。

　　誠然，改革首先所要關注的，就是對象問題，即改革誰——當然是要對「人」改革，因爲「人」是社會改革、教育改革的主體。杜亞泉深諳社會是由個人組成的，社會改革其實就是對個人的改革。「社會者，個人之集合體，個人完成，而後社會乃能進步。吾儕欲改革社會，而不從個人著手，不從自己之個人著手，不揣其本而齊其末，則其改革之結果，亦惟有增官僚之腐敗，縱黨人之暴亂已耳，於社會何益之有哉！……吾儕不改革自己之個人，而侈言改革社會，是實吾儕之大誤也。」〔註7〕杜亞泉把社會改革的著力點投向了個人，以個人之改革來成就社會之改革，篤信個人改革是實現「眞共和」的基礎和救濟社會的根本。

〔註 2〕　胡適：《胡適文存》（卷四）〔M〕，合肥：安徽教育出版社，2003 年，第 639 頁。

〔註 3〕　杜亞泉：〈眞共和不能以武力求之論〉〔J〕，《東方雜誌》，1971 年第 9 期。

〔註 4〕　杜亞泉：〈個人之改革〉〔J〕，《東方雜誌》，1914 年第 12 期。

〔註 5〕　杜亞泉：〈眞共和不能以武力求之論〉〔J〕，《東方雜誌》，1971 年第 9 期。

〔註 6〕　杜亞泉：〈論中國之社會心理〉〔J〕，《東方雜誌》，1913 年第 9 期。

〔註 7〕　杜亞泉：〈個人之改革〉〔J〕，《東方雜誌》，1914 年第 12 期。

　　毋庸置疑，杜亞泉突出強調了個人改革的迫切性、重要性，努力實現自身的現代化，以促進中國社會變革，進一步凸顯了教育的社會職能。「這是一條自下而上的漸進迂迴的民主化道路。……而這恰恰是亟亟爲武力解決的激進革命派所忽略的問題。而這一問題的歷史深刻性，只有在 20 世紀中國民主化進程歷盡波折之後，才逐漸彰顯出來。」〔註8〕其實，推及到現實中，這是一個「理想化」的狀態，因爲作爲個人的個體與作爲社會的整體之間的影響是相互的，反映出他作爲自由知識分子慣常的思維範式。但他啓發和誘導人們：進行「漸漬的人心之改革」必須要關注自身的缺陷與不足。「在整個國家現代化發展的過程中，人是一個基本因素，也並不是現代化過程結束後的副產品，而是現代化制度與經濟賴以長期發展並取得成功的先決條件。」〔註9〕這是符合學理規範的，也抓住了教育改革的目標之所在——努力實現國民性改造。

二、國民性改造：教育改革的著眼點

　　基於對「人心之改革」的深刻認識，杜亞泉針對不適於現代社會發展進步的中國國民性的種種缺陷和不足，作了中肯分析和理性批判，提出了相應的陶鑄理想國民的教育改革設想。

（一）陶鑄國民重「原理」

　　杜亞泉認爲，中國國民的最大特徵是重「現實」。「歐美人之評論吾國民者，其說滋多。……雖毀譽不同，要皆各有見地，各具理由。而其較爲確切而概括者，則莫如『現實的國民』一語。蓋吾國民之心理，常注重於現在之事實，而於事實之原理，則常忽略之而不顧也。」他這樣解釋「事實」與「原理」的概念，「蓋事實問題者，以利害爲標準；原理問題者，依是非而判別」，繼而明確指出，我國國民務必「採歐人千餘年來發明之原理，而以現實的心理陶鑄之，則今日之所謂原理者，他日未必不著爲事實。」具體的教育陶鑄辦法，杜亞泉建言：一要「惟理性馬首是瞻」，二要以「和平中正爲指導」。具體說來，就是「務宜力求平正，切中事情，毋鶩高遠，毋向精深，毋見彈求炙而涉及張皇，毋懲羹吹薤而流於激烈，庶理性得和平中正之

〔註 8〕　高力克：《調適的智慧：杜亞泉思想研究》〔M〕，杭州：浙江人民出版社，1998年，第30～31頁。

〔註 9〕　英格爾斯：《人的現代化》〔M〕，成都：四川人民出版社，1985年，第69頁。

指導。」〔註10〕

（二）陶鑄國民的「共同概念」

杜亞泉認為，中國國民「人心渙散」，「今本此意以返觀吾國，則人心龐雜而無折衷之公理也，眾志紛歧而無共循之塗轍也。……人人各以其愛憎為好惡，利害為是非」，致使「全國思想之彷徨悵觸，而不衷一是。」因而，他深感，中國國民特別需要具備「共同概念」，所謂「共同概念」是指「必其人民與人民間，意識思慮大致相同，好惡愛拒不甚懸隔，判斷事理既無顯著之差違，辨別是非復鮮反覆之矛盾，夫而後群策群力，相繫相維，而國本於以奠定焉，則國民共同之概念是也。」杜亞泉十分崇尚「共同概念」的作用，將其認定為「立國之基」，「國於天地，必有與立，不僅賴人民、土地、政治之備具已也。其所以能結合而成為國家，不虞渙散者，……然則人類國家，不可無共同概念，以為立國基礎，固當然而無疑義者矣」，繼而提出了陶鑄國民「共同概念」的教育策略：因勢利導，「是故善為國者，一方面熟察人民之概念，順其勢而善用之；而他方面則又默化潛移，養成人民同一之概念。……以真理正義，導誘人民，養成其優美純一之概念。」只有這樣，「庶全國合為一體，政府與國民，亦有指臂相聯一之概念，對內對外，均足保持其獨立之資格，而不致失墜也乎。」〔註11〕

（三）陶鑄國民有「精確正當穩健」的社會心理

杜亞泉認為，「社會心理分為智情意三大端，即社會知識、社會感情、社會意思是也。三者為一渾圓體，複雜混合，不能顯然之區畫，亦如個人心理，參互錯綜，不能為判然之界限。」他強調指出，中國國民的社會心理是「幼稚而靜默」，「吾中國之社會心理，從歷史上觀之，雖遞有改變，難為簡括之論定，然就大體而言，則中國之社會心理，乃幼稚而又靜默者也。……凡所以表示情意者，尤難僕教，以云幼稚似非定評。且其間學術思想之變遷，人情風俗之嬗蛻，升降隆污，代為轉移，而一治一亂之動機，往復循壞，曾無數百年之寧靜，尤為顯著之事實，則靜默云云，恐亦未為本確論。」這種靜默的國民社會心理，嚴重阻礙了社會的進步和發展，「且此大多數，曩時尤能自安於靜默，無所主張，今則囂然並起，競欲有所表見，為盲從、為妄動，

〔註10〕 杜亞泉：〈共和國體與國民心理〉〔J〕，《東方雜誌》，1912 年第 5 期。
〔註11〕 杜亞泉：〈國民共同之概念〉〔J〕，《東方雜誌》，1915 年第 11 期。

而意思情感所以發見種種不正當不穩健之狀態，釀成社會之紛擾者」，因而，培養國民「精確正當穩健」的社會心理已為勢所必需。對此，杜亞泉提出教育改造方案：「諸法互用，以教育為本」，「社會心理學家所稱改善社會精神者，有倫理的改善、宗教的改善、審美的改善、政治的改善、經濟的改善、教育的改善之種種，且必須諸法互用，乃能收美滿之效果，此故根本上改善之方法。然就中國目前現狀而為治標之策，則必以開通知識為前提，而尤以普濬常識為急務。……則倫理、宗教、審美、政治、經濟改善諸方法，亦宜隨機應用，不得以以教育為當務之急，而概棄其餘也」，只有這樣，「則中國社會心理，其或有精確正當穩健之一日。」〔註12〕

為了能清楚地表達國民性改造的最終結果，杜亞泉設計了兩大「理想國民」的陶鑄範型。

第一，自力自治的現代國民。杜亞泉預言，未來中國的新生命，是「儲備其知識能力，從事於社會事業，以謀自力的生活」、「標準於舊道德，斟酌於新道德，以謀個人之自治」〔註13〕的新青年，他們必將在中國社會現代轉型中漸占勢力而成為新社會的中堅。

第二，「科學的勞動家」。杜亞泉指出，中國未來的新階級，將是「有學識而任業務」的「科學的勞動家」。他說，隨著中國科技和經濟的進步，「自農業、工藝、交通、運輸諸事業，土木、機械、電氣諸工程，幾經研究改良，無一不須精密之知識，與熟練之技能。於是社會中發生一有力之新階級，即有科學的素養而任勞動之業務者。此等科學的勞動家，以社會上之需要，日增月盛。國家社會間一切機關、職業，悉落於勞動家之手。故其時民眾，已非曩時朦朧無意之狀態。除少數坐食之富人及若干無業之貧民外，皆為此有學識而任業務之人。」〔註14〕杜亞泉相信，未來社會的主體為「科學的勞動家」之時，此乃中國結束「假共和」時代之際。

近代中國先後經歷了器物、制度，再到觀念心理層面的改革，這是歷史的進步，也是社會發展的必然。五四新文化運動時期，仁人志士都將目光投向了國民性改造和人的自身素質的提高上，他們旨趣一致，但取徑各異。拿陳獨秀來說，斷言「倫理的覺悟，為吾人最後覺悟之最後覺悟」〔註15〕，「把

〔註12〕 杜亞泉：〈論中國之社會心理〉〔J〕，《東方雜誌》，1913 年第 9 期。
〔註13〕 杜亞泉：〈中國之新生命〉〔J〕，《東方雜誌》，1918 年第 7 期。
〔註14〕 杜亞泉：〈未來之時局〉〔J〕，《東方雜誌》，1917 年第 7 期。
〔註15〕 陳獨秀：《陳獨秀著作選》（第一卷）〔M〕，上海：上海人民出版社，1993 年，

觀念心理深處的倫理覺悟視爲思想變革之根本要素確實是抓住了問題的關鍵，認清了社會心理的癥結所在，體會到傳統向現代轉換的歷史需求，表達了文化激進主義者的共同心聲。」〔註 16〕他認爲，中國國民性的最大特徵是「奴性」，「抵抗力之薄弱，爲最深最大之病根。退縮苟安，騰笑萬國」〔註 17〕，力求培育「內圖個性之發展，外圖貢獻於其群」〔註 18〕的個人。陳獨秀逾越了制度變革的範域，把中國現代化推進至觀念心理層面，追求個性獨立，引進近代西方民主、科學的先進教育理念，以實現人的現代化，這是符合社會發展要求的，爲中國教育的現代化和社會的現代化做出了重要貢獻。其所採取的手段是對傳統的激烈批判和徹底摒棄，「蓋共和立憲制，以獨立平等爲原則，與綱常階級制爲絕對不可相容之物，存其一必廢其一。」〔註 19〕從杜亞泉「國民性改造論」的倡言中，我們不難發現他對實現國民「倫理之覺悟」的熾熱追求，但正是在這一「十字路口」，他與新青年派分道揚鑣了。他旨在通過國民性改造，培育自立自治的現代國民和新型的「科學的勞動家」階級，以爲中國民主政治奠基，走的是一條自下而上的社會取徑的溫和漸進改良型的現代化道路。顯然，「和一切改良主義者一樣，杜氏溫和漸進改革的思想也難免其軟弱空疏的一面。面對民初軍閥專制肆虐的動盪政局，他試圖繞開政治而致力於實業教育救國的社會改良，走一條非政治之社會取徑的漸進民主化道路。這種從長計議的治本之策誠然深刻周詳，但卻無以回應切實的現實政治問題，因而難免其空疏性。這反映了知識分子『秀才遇兵』的軟弱無奈。杜氏這一思想的局限性，也是其難能對民國政治產生實際影響的原因所在。」〔註 20〕但是，我們退一步講：毋庸置疑，革命可以推進中國實現現代化，然而實際並非如此簡單：革命不是萬能的，更不是一蹴而就的，現代化的實現同時也需要一個漸進而全面的社會改革工程。我們絕對不能一

第 179 頁。

〔註 16〕黃書光：《中國教育哲學史》（第四卷）〔M〕，濟南：山東教育出版社，2000 年，第 245 頁。

〔註 17〕陳獨秀：《陳獨秀著作選》（第一卷）〔M〕，上海：上海人民出版社，1993 年，第 152 頁。

〔註 18〕陳獨秀：《陳獨秀著作選》（第一卷）〔M〕，上海：上海人民出版社，1993 年，第 186 頁。

〔註 19〕陳獨秀：《陳獨秀著作選》（第一卷）〔M〕，上海：上海人民出版社，1993 年，第 179 頁。

〔註 20〕高力克：《調適的智慧：杜亞泉思想研究》〔M〕，杭州：浙江人民出版社，1998 年，第 36～37 頁。

味認定革命，也不能只言改革。應該承認，杜亞泉以教育爲重要突破口的社會改革民主化戰略不乏智者的遠見卓識和深刻獨到的理論價值。非僅如此，杜亞泉並未將目光停留在對國民性改造的設想上，而且還關注教育改革的實施。

三、普及教育和體制改革：教育改革的實施策略

杜亞泉認爲，「吾儕之社會間，積五千餘年之沉澱之渣滓，蒙二十餘朝風化之塵埃」，且「人心之改革，須由漸漬」，「非經數十年之陶鑄不爲功」〔註21〕，但他還是毅然擔當起了教育這一「承傳文化、培育新人，延伸人類社會的偉大使命」〔註22〕之事業，勇於教育改革。

（一）普及教育

杜亞泉這樣理解教育的社會職責，教育應當「一爲公共謀福利，二爲人己求互助，三爲社會促進化，四爲國家增實力」〔註23〕，認爲國民只有受教育，才能深知肚明，盡快從沉睡的蒙昧狀態中蘇醒過來，即「現實社會生活就會促使或迫使他們要求改變現狀，產生進步的和變革的思想，走上愛國救亡的道路」〔註24〕。他十分賞識「把神聖的教育普及到一般神聖的平民身上」〔註25〕的「平民教育」運動，力倡普及教育，「夫教育云者，非限於學校教育已也，宜兼及於社會教育；且非指高等教育而言也，宜注重於普通教育。務使社會的個人，感受教育的影響，備具相當之常識」〔註26〕，認爲辦報出刊、編輯教科書是普及教育的重要途徑。杜亞泉曾先後創辦、主編《亞泉雜誌》、《普通學報》、《科學世界》、《東方雜誌》，以此使國民獲取新信息，接受新知識、新觀念。其中在主編《東方雜誌》時，「中國雜誌界還是十分幼稚，普通刊物都以論述政治法令，兼載文藝詩詞爲限」，他大膽改革，「廣泛從東西文雜誌報章，擷取材料，凡世界大勢，國家政象，社會演變，學術思

〔註21〕 杜亞泉：〈個人之改革〉〔J〕，《東方雜誌》，1914 年第 12 期。
〔註22〕 金忠明：《五四運動與中國文化建設——五四運動七十週年學術討論會論文選：艱難的探索》〔C〕，北京：中國社會科學文獻出版社，1990 年，第 698 頁。
〔註23〕 杜亞泉：〈社會服務底目的是什麼〉〔J〕，《少年社會》，1920 年第 10 期。
〔註24〕 丁守和：〈實業救國、教育救國、科學救國思潮的再認識〉〔J〕，《文史哲》，1993 年第 5 期，第 7 頁。
〔註25〕 陶行知：〈平民主義和普及教育〉〔J〕，《平民教育》，1919 年第 12 期。
〔註26〕 杜亞泉：〈論中國之社會心理〉〔J〕，《東方雜誌》，1913 年第 9 期。

潮，靡不搜集編載，研究討論，貢獻於國人。……凡世界最新政治經濟社會現象，學術思想潮流，無不在《東方》譯述介紹。而對於國際時事，論述更求詳備，對於當時兩次巴爾幹戰爭和 1914 年的世界大戰，在先生所主編的《東方雜誌》都有最確實迅速的詳述，為當時任何定期刊物所不及。」〔註27〕用他自己的話說，就是「救國人知識之饑荒」，以開闊人們的視野。一時間，《東方雜誌》成為國內銷量最大、最有影響、最負盛名的雜誌。其普及教育的深度、力度、效度由此可見一斑。

　　鑒於清末的教科書「多為外國教會與清政府把持，充滿殖民主義和封建主義的糟粕」〔註28〕，杜亞泉決心以新的教學內容教授於學生，以培養「二十世紀的主人——科學的勞動家」，由他編、著、譯的教科書「符合當時需要，廣為流傳，連清政府學部頒佈的教科書也無法與之抗衡。」〔註29〕有人這樣總結評價杜亞泉在此的貢獻：「當民國初元時，國內科學教育漸見發展，所藉以為推進之工具者，先生所編各種理化博物教科書，其重要者也」〔註30〕；商務印書館總編輯王雲五在《小學自然科詞書序》中稱，經杜氏負責編輯的教科書不下百餘種之多，其範圍從初小到高中以及師範學校，內容包括動物、植物、礦物、數學、物理、化學、生理及農業等；胡適對由杜亞泉執掌的編譯所有這樣的感言：「這個編譯所是很重要的一個教育機關——一個教育大勢力」〔註31〕。杜亞泉編撰的教科書為中國近代教育的普及起了奠基性作用。

（二）教育體制改革

　　杜亞泉認為，只有改革不符合時代要求的教育體制，才能掃除影響國民性改造的障礙。他專門撰文《論今日之教育行政》，斥責「中國教育的弊端首先在於國家對教育的導向有錯誤」，即「出身之獎勵」，學子務求功名，「是固予數年以來辛苦於課業之代價也耳。」為了革除這種弊端，杜亞泉主張，政府應明確教育目的，「教育之基礎，當立於國民生活之上，不當立於官吏進身之上。」他強調指出，「以作官吏之故而受教育，則當其在學校焉，所期待

〔註27〕胡愈之：〈追悼杜亞泉先生〉〔J〕，《東方雜誌》，1934 年第 1 期。

〔註28〕史全生：《中華民國文化史》〔M〕，長春：吉林文史出版社，1990 年，第 230 頁。

〔註29〕謝振聲：〈杜亞泉傳略〉〔J〕，《中國科技史料》，1998 年第 3 期，第 10 頁。

〔註30〕張梓生：〈悼杜亞泉先生〉〔J〕，《新社會》，1934 年第 2 期。

〔註31〕陳達文：《胡適與商務印書館》〔M〕，北京：商務印書館，1987 年，第 256 頁。

者，年級之資格也，所預備者，問題之答案也，所注意者，考試之等第也，所摹擬者，官場之習氣也」。但「以謀生活之故而求教育者，當其在學校之時，所研究之學業，所懷抱之希望，無一不求其適於將來社會之生活，畢業以後，即爲獨立自營之國民」。他告誡世人：「現在的青年，皆未來日之主人，所懷抱於未來之世局，較吾儕爲甚。若仍施以舊時之教育，懸官吏爲目的，行之於希榮干祿之途，是不啻對於後日之社會播散騷亂之種子」，要求國人務必有所警覺。

另外，杜亞泉認爲，當下中國教育體制還病於「政府對教育干涉過多」，比如硬性規定教授必用的書籍、教師必具的資格、教科書的分配等。他正反對照說：「科舉時代，政府干涉之，而貼括之文，乃日流於污下，不足與於學術之林，習爲此文者，除向政府討生活以外，無可以自立。他如農工商業，與夫算術繪畫之類，民間自相傳習，不受政府之干涉，雖其學術不及近世歐美各邦之發達，而其中固有確實之經驗，精當之理法，爲近代專家所取資者，全國之生活機能，今猶惟此是賴，決不至無用如八股也。」所以，他得出結論：「教育之價值，即以其對國民生活上之價值爲標準。所以學堂之所教育，有益於國民之生活也，則自然臻於興盛，無待政府之提倡也」，主張今後「凡關於社會所經營之教育事業，宜力主放任，去其干涉之手段；關於政府所經營之教育事業，宜力求進步，盡其誘導之責任。」他建言政府：在中央，由政府盡力擴充京師大學堂，使其「內足以繫全國士林之物望，外足以與歐美著名之大學並駕齊驅」，以求完備，成爲全國學堂的中樞；在地方，「政府應設規模較備之學堂於交通較便之地，以遠大之眼光，求學術之進步，謀共同之發達」。〔註32〕杜亞泉對近代教育的結構及功能作了新的探討和有益的嘗試。

清末民初知識分子對中國現代化問題的思考，有漸進變革與激進變革之別。用美國漢學家墨子刻的分析框架來概括就是「調適」與「轉化」兩種類型。其中，陳獨秀等激進民主主義者就是「轉化」類型的代表。在內受封建專制壓迫，外遭帝國列強侵略的舊中國，不通過革命的手段去事先完成制度革命，教育改革是很難實現的，這是爲歷史所證明了的。但是，教育並非僅僅依靠革命才能完成其所擔當的社會責任，它同樣需要穩健的改革達成目的。正如有學者指出的，「革命可以是摧枯拉朽的，立竿見影的，革命教育可

〔註32〕 杜亞泉：〈論今日之教育行政〉〔J〕，《東方雜誌》，1911 年第 2 期，第 8 頁。

以催人奮進，促人覺醒；而建設則是添磚加瓦、日積月累的，建設教育也不可能一蹴而就，它的功能可能在若干年或更長的一段時間方能顯示出來。但政治、文化、教育卻是互相促進、互相補充的，新因素的不斷增長和成熟，是一種建設和積累的過程，它比急劇的革命自然顯得緩慢而遙遠，但它的穩健性和堅定性卻同樣是新社會的營養劑和催生劑。」〔註 33〕杜亞泉對教育改革的設想沿循「溫和漸進」的理路，彰顯了這位智者冷峻理性的風範和救世濟民的抱負，其歷史啓蒙價值就在於此。

〔註33〕歐陽正宇：〈杜亞泉的教育救國思想及成就〉〔J〕，《西北師大學報》（社會科學版），2003 年第 1 期，第 31 頁。

柒、論杜亞泉的教育哲學觀

摘要：鑒於深諳出身獎勵政策達不到教育普及的目的，杜亞泉力主教育當立基於國民生活之上，而非官吏進身之上，為此政府應採取減政主義，以養教育活力的源泉；肯定了教育對推進個人改革，改善社會精神、調節社會力量、實現社會眞共和的基礎性作用；預言未來社會將出現有科學素養而任勞動之業務的「科學的勞動家」和自力自治的「中國之新生命」，賦予了教育塑造理想人格的新的價值期待。

關鍵詞：杜亞泉；國民生活；基礎性作用；價值期待

杜亞泉（1873～1933），原名煒孫，字秋帆，別號亞泉，又署高勞、傖父。浙江紹興會稽縣傖塘鄉（今上虞市傖塘鎭）人，中國近代著名的科學教育家和啓蒙思想家，畢生致力於科學傳播和教育事業，被尊爲近代「中國科學界的先驅」[註1]。面對西方文化的滾滾潮湧和「五四」新青年派對中國傳統文化的過多否定，杜亞泉作出了理論回應：力倡中西文化「調和」論，並此次入手，呼籲以「調和」之策陶鑄理想人格。這一深具「溫和漸進」之風的教育哲學觀，彰顯出杜亞泉冷峻穩健的思想智慧，當然也不乏局限之處，值得尋味。

〔註 1〕 胡愈之：〈追悼杜亞泉先生〉〔J〕，《東方雜誌》，第 31 卷第 1 號，1934 年 1 月。

一、中西文化「調和」論

一部中國近代史，「從根本上說，是一場最廣義的文化衝突」〔註2〕，該觀點未必完全正確，但從文化角度看，也不乏合理性。也正如陳旭麓先生所指出的，「近代中國文化的多樣、複雜，是半殖民地半封建社會的必然現象，它是古今、中西、新舊文化的匯合點，百川競流，其中又以中西文化的衝突和交融成為百年相繼的層見迭出的浪潮。」〔註3〕誠然，中國近代史也是一部國人向西方學習的歷史，起初著眼於器物文明，再延至制度文明，到辛亥革命後，時局發生極大變化：儘管封建君主制度被推翻，但人們依然生活在民主流產的「共和幻想」時代，諸多仁人志士切實體悟到：「武器的批判並不能代替批判的武器，當一個民族的深層的觀念心理沒有得到徹底變革之前，再完美的制度也難於同化，人們依舊沉湎於傳統思維習慣，用舊的心理運作新的制度。」〔註4〕於是變革人的觀念心理，學習西方文化也就顯得尤為迫切和自然了。此時西學的傳播廣度、深度都大大超過從前。對此，有人主張西化，徹底拋棄傳統，像陳獨秀就倡言：「如今要鞏固共和，非先將國民腦子裏所有反對共和的舊思想，一一洗刷乾淨不可」〔註5〕，而有人主張弘揚中國傳統文化，於是一場關於東西文化問題的論戰開始了。面對「五四」新青年派的狂飆激進式的「文化革命」，杜亞泉深致憂慮。他站在新文化運動的對立面，舉起中西文化「調和」大旗。

（一）對中西文明作出性質判定，提出「動靜說」

杜亞泉認為，文明是社會的產物，中西文明互有長短，一靜一動，各具風采，二者乃「性質之異」，而非「程度之差」。「西洋社會，為動的社會，我國社會為靜的社會；由動的社會發生動的文明，由靜的社會，發生靜的文明。兩種文明，各現特殊之景趣與色彩。」由此，他指出，「以個人幸福論，豐裕與安閒，孰優孰劣，殊未易定，惟二者不可得兼，而其中常具一平衡調劑之理。」〔註6〕這就為其文化「調和」論埋下了伏筆。

〔註2〕 費正清：《劍橋中國晚清史》（上）〔M〕，北京：中國社會科學出版社，1993 年，第 256 頁。
〔註3〕 陳旭麓：《中國近代史十五講》〔M〕，北京：中華書局，2008 年，第 209～210 頁。
〔註4〕 黃書光：《中國教育哲學史》（第四卷）〔M〕，濟南：山東教育出版社，2000 年，第 4 頁。
〔註5〕 陳獨秀：〈舊思想與國體問題〉〔J〕，《新青年》，1917 年第 3 期。
〔註6〕 杜亞泉：〈靜的文明與動的文明〉〔J〕，《東方雜誌》，1916 年第 10 期。

杜亞泉既不以西方文明爲是，也不掩飾中國文明的瑕疵，反映了他文化多元論的價值取向。誠然，以「動」「靜」來概括文明的性質確顯膚淺，因爲中西兩種文明事實上是「靜中有動，動中有靜」，互相包涵的；但他從這一新的視角來說明中西兩種文明的特性，不能不說是一個創見。「關於動、靜的概念，中國古已有之，但把動、靜概念用於歸類兩種不同文明的性質並作具體闡述的應當首推杜亞泉」〔註7〕，「不僅影響了五四思想界，而且與其後的斯賓格勒、湯因比、泰戈爾等人的東西文化觀相映成趣。」〔註8〕

（二）對中西文明作出取捨，提出「調和論」

杜亞泉認爲，「平情而論，則東西洋之現代生活，皆不能認爲圓滿的生活，即東西洋之現代文明，皆不能許爲模範的文明。」〔註9〕既然中西兩種文明均不能無流弊，「故抱合調和，爲勢所必至。」〔註10〕但他轉而強調，「調和」必須以「靜」爲基礎。「吾儕今日，當兩文明接觸之時，固不必排斥歐風侈談國粹，以與社會之潮流相逆，第其間所宜審愼者，則凡社會之中，不可不以靜爲基礎。」〔註11〕同時他指出，「吾國道德，實無根本改革之必要」〔註12〕，必須注意新舊文明的接續。「今日之國民，既享用前代所遺留之文明，則開發文明，實所以繼承先志。反之，有開進而無保守，便新舊間之接續截然中斷，則國家之基礎，必爲之動搖。……故欲謀開進者，不可不善於接續。」〔註13〕

不難看出，杜亞泉一方面倡言中西文明各有優劣，一方面又自信「吾國固有之文明，正足以救西洋之弊，濟西洋之窮者」〔註14〕，與反傳統激進主義者拿自己的糟粕去與對方的精華相比的「矮人政策」大相徑庭，但略有偏袒中國傳統文化之嫌，「杜亞泉雖以『東西調和』倡論於世，但其理論出發點和歸宿都無疑是中國傳統文化之復興。」〔註15〕當然，杜亞泉這種文化態度是

〔註7〕 陸衛明：〈程瑾，論杜亞泉的中西文化觀〉〔J〕，《廣西社會科學》，2006年第6期，第170頁。

〔註8〕 高力克：《求索現代性》〔M〕，杭州：浙江大學出版社，1999年，第140頁。

〔註9〕 杜亞泉：〈戰後東西文明之調和〉〔J〕，《東方雜誌》，1917年第4期。

〔註10〕 杜亞泉：〈靜的文明與動的文明〉〔J〕，《東方雜誌》，1916年第10期。

〔註11〕 杜亞泉：〈靜的文明與動的文明〉〔J〕，《東方雜誌》，1916年第10期。

〔註12〕 杜亞泉：〈國民今後之道德〉〔J〕，《東方雜誌》，1913年第5期。

〔註13〕 杜亞泉：〈接續主義〉〔J〕，《東方雜誌》，1941年第1期。

〔註14〕 杜亞泉：〈靜的文明與動的文明〉〔J〕，《東方雜誌》，1916年第10期。

〔註15〕 黃書光：《中國教育哲學史》（第四卷）〔M〕，濟南：山東教育出版社，2000

對「五四」新青年派全盤否定中國傳統文化的有力回擊,「其對中西文化問題的開放心態、辯證分析和理性思考,在五四思想界可謂獨樹一幟。」〔註16〕

(三)對中國文化重建作出設想,提出「統整說」

杜亞泉堅信,「吾人當確信吾社會中固有之道德觀念,為最純粹最中正者」〔註17〕,「西洋之斷片的文明,如滿地散錢,以吾固有文明為繩索,一以貫之……吾固有文明之特長,即在於統整,且經數千年之久未受若何之摧毀,已示世人以文明統整之可以成功。今後果能融合西洋思想以統整世界之文明,則非特吾人之自身得賴以救濟,全世界之救濟亦在於於是。」〔註18〕

毫無疑問,杜亞泉的文化「統整」意在捍衛中國傳統文化的前提下實現對西方文明的融會貫通,「揭示了在中西會通基礎上陶鑄中國新文化的文化重建主題」〔註19〕,即在不拋棄中國傳統文化的基礎上著力進行文化重建。

杜亞泉立基於對中西兩種文明性質的判定,倡言「調和」,強調以「統整」實現「調和」,對中國文化作出了系統思考。在當時「傳統——現代」兩極對立格局占主導的背景下,杜亞泉已經不在古今中西間騎牆不定,而是力圖在傳統、西方、未來之間尋找某個契合點。因而,不論他的中西文化「調和論」是不是一種最佳方案,但他致力於創造一種既有中國特色,又不乏西方現代優秀文化的未來新文明的卓越探索,這本身就是超越,其價值就體現在它所蘊含的鎔鑄傳統與現代的可能性上。〔註20〕略勝「五四」新青年派一籌的是:他未忽視文化的民族性;但是相反,卻沒能兼顧文化的時代性。起初,杜亞泉咬定中國文明在時代性上並未落後於西方,但最終他還是坦言:「文化之進行,後於歐洲諸國者既一二百年,斷無一蹴即至之理。」〔註21〕顯然,他對西方文明的優越性的認識還未達到一定深度,「這種局限性進而導致他在吸收西方文明優點的倡導力度上存在一定保守傾向」〔註22〕。同時,他倡言要用

年,第288頁。

〔註16〕 高力克:《求索現代性》〔M〕,杭州:浙江大學出版社,1999年,第141頁。

〔註17〕 杜亞泉:〈戰後東西文明之調和〉〔J〕,《東方雜誌》,1917年第4期。

〔註18〕 杜亞泉:〈迷亂之現代人心〉〔J〕,《東方雜誌》,1918年第4期。

〔註19〕 高力克:《求索現代性》〔M〕,杭州:浙江大學出版社,1999年,第148頁。

〔註20〕 貫宇琰:〈探索現代的靈光〉〔J〕,《中學歷史教學參考》,1998年第4期,第7頁。

〔註21〕 杜亞泉:〈中國政治革命不成就及社會革命不發生之原因〉〔J〕,《東方雜誌》,1919年第4期。

〔註22〕 陸衛明、程瑾:〈論杜亞泉的中西文化觀〉〔J〕,《廣西社會科學》,2006年第

中國固有文明去「統整」西方文明，這就涉及到「最純粹最中正的道德」所包含的「名教綱常」，而「名教綱常」早已成爲近代社會發展進步的桎梏了，是需要摒棄的東西。

誠如杜亞泉所言，「吾人之天職，在實現吾人之理想生活，即以科學的手段，實現吾人經濟的目的；以力行的精神，實現吾人理想的道德」〔註 23〕，這才是他力倡中西文化「調和論」的根本旨趣，即藉以中西文化「調和」，教育改造國民性，以實現中國社會的現代轉型。

二、國民性改造

針對「武人干政、黨人爭權」的「假共和」時局，諸多仁人志士傾力於對國人觀念心理層面的變革，杜亞泉也不例外。爲實現「眞共和」，杜亞泉呼籲社會改革。「改革云者，實吾儕社會新陳代謝之機能，而亦吾儕社會生死存亡之關鍵矣。」〔註 24〕尤爲重要的是，他視教育爲社會改革的根本條件之一，「眞共和之成立，不外二因。一爲國內農工商業之發達，二爲國民教育之普及。」〔註 25〕〔註 26〕同時，杜亞泉深諳教育應當擔負「一爲公共謀福利，二爲人己求互助，三爲社會促進化，四爲國家增實力」〔註 27〕的社會職能，「然就目前中國現狀而爲治標之策，則必以開通知識爲前提，而尤以普瀹常識爲急務」〔註 28〕，爲此，他把教育作爲推進社會改革的首選舉措，勵志培育現代理想人格。

對於中西文化「調和」，杜亞泉認爲主要包括經濟和道德兩方面。「東洋社會之經濟目的，爲平置的，向平面擴張，西洋社會之經濟目的，爲直立的，向上進取；東洋社會之經濟目的，爲周遍的，圖全體之平均，西洋社會的經濟目的，爲特殊的，謀局部之發達。……故就經濟狀態而言，東洋社會，爲全體的貧血症；西洋社會，則局處的充血症也。」〔註 29〕在道德方面，西洋社會具力行精神，而蔑視理性；東洋社會根於理性，而不能力行。這些都不

　　　　6 期，第 176 頁。
〔註 23〕　杜亞泉：〈戰後東西文明之調和〉〔J〕，《東方雜誌》，1917 年第 4 期。
〔註 24〕　杜亞泉：〈個人之改革〉〔J〕，《東方雜誌》，1914 年第 12 期。
〔註 25〕　杜亞泉：〈眞共和不能以武力求之論〉〔J〕，《東方雜誌》，1917 年第 9 期。
〔註 26〕　高力克：《求索現代性》〔M〕，杭州：浙江大學出版社，1999 年，第 141 頁。
〔註 27〕　杜亞泉：〈社會服務底目的是什麼〉〔J〕，《少年社會》，1920 年第 10 期。
〔註 28〕　杜亞泉：〈論中國之社會心理〉〔J〕，《東方雜誌》，1913 年第 9 期。
〔註 29〕　杜亞泉：〈戰後東西文明之調和〉〔J〕，《東方雜誌》，1917 年第 4 期。

是理想的生活，理想的生活必須要賴以中西經濟、道德的「調和」來實現，陶鑄自立自治和「科學的勞動家」素養的現代國民，從而爲實現近代中國社會的轉型奠基。

（一）經濟自立、道德自治的個人

杜亞泉預言，未來中國的新生命，是「儲備其知識能力，從事於社會事業，以謀自力的生活、標準於舊道德，斟酌於新道德」〔註30〕具有自力能力和自治德行的新青年，他們將成爲在中國社會轉型中漸占勢力而成爲新社會的中堅；具體說來，他認爲，現代新青年需要具備四項標準：衛生、養心、儲能、耐勞。

尤爲值得一提的是，杜亞泉依據「標準於舊道德，斟酌於新道德」，將未來新生命的教育細化爲培養「中國之古君子」、「世界之新人物」，充分體現了其辯證思考的「調和」特性。

1、保「克己」特質，養「奮鬥」精神

杜亞泉認爲，西洋物質文明的進步，源於其激進智慧、獎勵勞動之效的「奮鬥」精神，但難免縱慾的流弊；而中國傳統的「克己」處世方法，使人養成廉靜寡欲、恪盡職守之習，社會由此相忍相安，卻導致了社會貧弱。二者優劣各具。爲此，他指出，只有調和「克己」與「奮鬥」，才能收到相輔相成之效，才能培育出「中國世界」品格兼備的國民；現代社會，僅知奮鬥而不知克己者，決不足以得幸福；而僅知克己而不知奮鬥者，亦決不足以免危險。所以，「吾東亞人民，欲於歐風美雨之中，免社會之飄搖，亦惟有保持其克己之特質，以養成其奮鬥之精神而已。」〔註31〕

2、以理性克制欲望

杜亞泉認爲，就個人道德而言，以追逐物欲爲人生目的者決不可能得到幸福；物質生活過於貧乏或過於富足，都不可說是幸福；物質生活應以人生的必需爲限，若被欲望所驅使而不能以理性加以制止，則身心就會爲物所奴役，反而不能領略生活的真趣而成爲幸福的障礙。因而，真正的人生幸福，應當以理性克制欲望爲條件。〔註32〕

〔註30〕 杜亞泉：〈中國之新生命〉〔J〕，《東方雜誌》，1918 年第 7 期。
〔註31〕 杜亞泉：〈論社會變動之趨勢與吾人處世之方針〉〔J〕，《東方雜誌》，1913 年第 10 期。
〔註32〕 杜亞泉：〈論社會變動之趨勢與吾人處世之方針〉〔J〕，《東方雜誌》，1913 年

3、愛與爭相平

杜亞泉認為，爭即愛，愛即爭，有愛即有爭；爭由愛起，愛必有爭。其調和之道是：「欲馳其爭，宜平其愛」。換句話說，平愛之道即宜裁制愛而使其不得逾其量。〔註33〕

4、互助與獨立相抱

在杜亞泉看來，中國崇互助的大家庭制，歐美尚獨立的小家庭制；互助的大家庭制有利於社會穩定，卻養成了人們依賴的積習；歐美國民成年後獨立自營其生活，晚年子女自立後則熱心社會公益；大家庭制對中國人道德為害甚重。為此，調和「補救之道，不可不於互助之制度中，採用獨立之精神。」〔註34〕

5、個人與國家相濟

杜亞泉認為，個人與國家雖然利害相聯，但二者各有界域。想使個人與國家和諧發展，必須明確二者的分際而保持其平衡。個人與國家之關係，應當先鞏固個人的地位；同時，個人有效力國家的責任。既不要強迫個人沒入國家，而流於國家主義之偏；也不要強制國家以遷就個人，而落於個人主義之弊。所以，處理個人與國家關係的要則是，「宜守定個人與國家之分際，毋使溢出範圍之外。」〔註35〕

毫無疑問，杜亞泉的道德「調和」之道，在於「其以價值多元論立論，於中西道德價值的對立中尋覓其辯證的同一性，進而在相反相成的新舊道德之間，探求多元互補的調劑平衡之道。……中西古今之道德理念，無不根植於人性之一端，故而道德之衝突具有人性之衝突的深刻根源。而對道德價值之取此舍彼的一元選擇，必落於人性之偏。中國傳統之偏弊，正在於其獨尊人之社會性，而重社群輕個體，尊克己貶奮鬥，尚互助抑獨立。而現代道德轉型之實質，則在於提升闡揚人的個性，以補救古代道德之整體主義一元獨斷的偏弊。」〔註36〕梁啟超在《十種德性相反相成義》中指出，大凡相互對立的德性，往往形表相反，精神相成，而同為人類所不可或缺。獨立與合群、

第10期。
〔註33〕杜亞泉：〈愛與爭〉〔J〕，《東方雜誌》，1916年第5期。
〔註34〕杜亞泉：〈家庭與國家〉〔J〕，《東方雜誌》，1916年第3期。
〔註35〕杜亞泉：〈個人與國家之界說〉〔J〕，《東方雜誌》，1917年第3期。
〔註36〕高力克：《求索現代性》〔M〕，杭州：浙江大學出版社，1999年，第101頁。

自由與制裁、自信與虛心、利己與愛他、破壞與成立，爲現代人應並具兼備的德性。〔註37〕杜亞泉道德調和論與梁啓超倫理思想可謂一脈相承。文化激進主義者道德的反傳統主義有除舊布新、矯枉過正的開新之意，而杜亞泉多元辯證的道德調和論也不乏溫和、周詳、穩健之風。

二、「科學的勞動家」階級

杜亞泉認爲，隨著中國科技和經濟的進步，中國未來的新階級，將是「有學識而任業務」的「科學的勞動家」。「自農業、工藝、交通、運輸諸事業，土木、機械、電氣諸工程，幾經研究改良，無一不須精密之知識，與熟練之技能。於是社會中發生一有力之新階級，即有科學的素養而任勞動之業務者。此等科學的勞動家，以社會上之需要，日增月盛。國家社會間一切機關、職業，悉落於勞動家之手。故其時民眾，已非曩時朦朧無意之狀態。除少數坐食之富人及若干無業之貧民外，皆爲此有學識而任業務之人。」〔註38〕杜亞泉相信，未來社會的主體爲「科學的勞動家」之時，此乃中國結束「假共和」之際。

很明顯，杜亞泉對於個人「道德」教育傾力十足，而在國民「經濟自立」能力論述上則較爲簡略，體現出其中西文化「調和」的教育哲學觀頗重倫理教育的傳統色彩。而較爲遺憾的是，杜亞泉僅僅提及到要培育出「科學的勞動家」階級，但對其應具備何種道德素養（按照他的經濟、道德素養必須兼備的標準）卻付之闕如。

三、對杜亞泉「調和式」思想理路的反思

近代中國先後經歷了器物、制度，再到觀念心理層面的改革，這是歷史的進步，也是社會發展的必然。五四新文化運動時期，仁人志士都將目光投向了國民性改造和人的自身素質的提高上，他們旨趣一致，但取徑各異。拿陳獨秀來說，斷言「倫理的覺悟，爲吾人最後覺悟之最後覺悟」〔註39〕，「把觀念心理深處的倫理覺悟視爲思想變革之根本要素確實是抓住了問題的關

〔註37〕 梁啓超：《十種德性相反相成義》〔M〕//《梁啓超哲學思想論文選》，北京：北京大學出版社，1984年，第48～56頁。

〔註38〕 杜亞泉：〈未來之時局〉〔J〕，《東方雜誌》，1917年第7期。

〔註39〕 陳獨秀：《陳獨秀著作選》（第一卷）〔M〕，上海：上海人民出版社，1993年，第179頁。

鍵，認清了社會心理的癥結所在，體會到傳統向現代轉換的歷史需求，表達了文化激進主義者的共同心聲。」〔註40〕他認為，中國國民性的最大特徵是「奴性」，「抵抗力之薄弱，為最深最大之病根。退縮苟安，騰笑萬國」〔註41〕，力求培育「內圖個性之發展，外圖貢獻於其群」〔註42〕的個人。陳獨秀逾越了制度變革的範域，把中國現代化推進至觀念心理層面，追求個性獨立，引進近代西方民主、科學的先進教育理念，以實現人的現代化，這是符合社會發展要求的，為中國教育的現代化和社會的現代化做出了重要貢獻。其所採取的手段是對傳統的激烈批判和徹底摒棄，「蓋共和立憲制，以獨立平等為原則，與綱常階級制為絕對不可相容之物，存其一必廢其一。」〔註43〕

從杜亞泉「國民性改造論」的倡言中，我們不難發現他對實現國民「倫理之覺悟」的熾熱追求，但正是在這一「十字路口」，他與新青年派分道揚鑣了。他旨在通過國民性教育改造，培育自立自治的現代國民和新型的「科學的勞動家」階級，以為中國民主政治奠基，走的是一條自下而上的社會取徑的溫和漸進改良型的現代化道路。顯然，「和一切改良主義者一樣，杜氏溫和漸進改革的思想也難免其軟弱空疏的一面。面對民初軍閥專制肆虐的動盪政局，他試圖繞開政治而致力於實業教育救國的社會改良，走一條非政治之社會取徑的漸進民主化道路。這種從長計議的治本之策誠然深刻周詳，但卻無以回應切實的現實政治問題，因而難免其空疏性。這反映了知識分子『秀才遇兵』的軟弱無奈。杜氏這一思想的局限性，也是其難能對民國政治產生實際影響的原因所在。」〔註44〕但是，我們退一步講：毋庸置疑，革命可以推進中國實現現代化，然而實際並非如此簡單：革命不是萬能的，更不是一蹴而就的，現代化的實現同時也需要一個漸進而全面的社會改革工程。我們絕對不能一味認定革命，也不能只言改革。應該承認，杜亞泉思想的局限性掩

〔註40〕　黃書光：《中國教育哲學史》（第四卷）〔M〕，濟南：山東教育出版社，2000年，第245頁。
〔註41〕　陳獨秀：《陳獨秀著作選》（第一卷）〔M〕，上海：上海人民出版社，1993年，第179頁。
〔註42〕　陳獨秀：《陳獨秀著作選》（第一卷）〔M〕，上海：上海人民出版社，1993年，第186頁。
〔註43〕　陳獨秀：《陳獨秀著作選》（第一卷）〔M〕，上海：上海人民出版社，1993年，第179頁。
〔註44〕　高力克：《求索現代性》〔M〕，杭州：浙江大學出版社，1999年，第36～37頁。

捌、論杜亞泉的科學教育觀

摘要：作爲科學教育家和啓蒙思想家，杜亞泉畢生致力於中國近代科學傳播事業。他力主科學教育不僅重在傳播自然科學知識，而且要介紹自然科學與人文社會科學的知識體系及其之間的關係，並將科學知識運用於人生指導；呼籲重視科學實驗等科學方法的訓練；倡導培育理性科學精神。其科學教育觀沿循「溫和漸進」的路線，彰顯出理性的「調和」智慧，開創了迥異於文化激進主義的「另一種啓蒙」。

關鍵詞：杜亞泉；科學教育；溫和漸進；另一種啓蒙

杜亞泉（1873～1933），原名煒孫，字秋帆，別號亞泉，又署高勞、傖父。浙江紹興會稽縣傖塘鄉（今上虞市傖塘鎮）人，中國近代著名的科學教育家和啓蒙思想家。他通過辦學、授課，編纂科學書籍和雜誌，畢生致力於科學傳播事業，被尊爲「中國科學界的先驅」〔註1〕。其科學教育觀沿循「溫和漸進」的路線，在中國近代科學教育史上頗具特色，閃耀著理性的光芒。

一、科學知識的傳授

受甲午戰敗刺激，杜亞泉認爲，在中國社會陷入全面的政治和文化秩序危機之際，科學技術是中國禦侮圖強的根本和國人現代生活的必備：「但政治

〔註 1〕 胡愈之：〈追悼杜亞泉先生〉〔J〕，《東方雜誌》，1934 年第 1 期。

與藝術之關係，自其內部言之，則政治之發達，全根於理想，而理想之眞際，非藝術不能發現。自外部觀之，則藝術者固握政治之樞紐矣。航海之術興，而內治外交之政一變；軍械之學興，而兵政一變；蒸汽電力之機興，而工商之政一變；鉛印石印之法興，士風日闊，而學政亦不得不變。且政治學中之所謂進步，皆借藝術以成之。……果如是，吾國之士，潛心實際，熟悉技能，各服高等之職業，獨爲不敗之基礎也。二十世紀者，工藝時代。吾恐我國之人，囂囂然爭進於一國之中，而忽爭存於萬國之實也。」〔註2〕他強調指出，受歐風美雨影響，國人的社會知識遠遠落後，其中又以常識，特別是科學知識最爲缺乏。有鑑於此，杜亞泉特別建議學校傳授科學知識技能，以便學生畢業後能馬上適應社會生活和勞動，能夠獨立自營。杜亞泉堅信，「依科學及機械學之進步，新發明之武器，其勢力遠在意向以外。製造者與使用者，皆非專門不辦。……自農業、工藝、交通、運輸諸事業，土木、機械、電氣諸工程，幾經研究改良，無一不須精密之知識，與熟練之技能。於是社會中發生一有力之新階級，即有科學的素養而任勞動之業務者。此等科學的勞動家，以社會上之需要，日增月盛。國家社會間一切機關、職業，悉落於勞動家之手。……吾尤望吾朦朧無意之國民，注目於未來之大勢，預備爲科學的勞動家，以作二十一世紀之主人焉」〔註3〕，勵志陶鑄「科學的勞動家」。縱觀杜亞泉的科學傳播實踐，自然科學知識佔據較大分量，主要有數學、物理、化學、生理學、心理學、動物學、植物學、礦物學等，涉及領域相當廣泛。正如商務印書館總編輯王雲五評價道：「杜亞泉先生提倡自然科學最早，三四十年來編著關於自然科學的書百數十種。」〔註4〕

　　值得一提的是，杜亞泉不僅倡導重點傳授自然科學知識，而且主張介紹自然科學與人文社會科學的知識體系及其之間的關係。他認爲，宇宙中的一切自然現象可分爲三類，即物質、生命和心靈，「此三象者」，是一切學術之根據，這「三象」關係密切，不能分離，由此「三象」產生的三大學科領域及統合三大學科領域的哲學，彼此之間也不可分離〔註5〕。杜亞泉涉獵、傳播各領域、各層次的科學知識，是近代百科全書式的科學啓蒙者，但他卻自謙

〔註2〕 杜亞泉：〈亞泉雜誌・創刊號〉〔J〕，《亞泉雜誌》，1900年第1期。

〔註3〕 杜亞泉：〈未來之時局〉〔J〕，《東方雜誌》，1917年第7期。

〔註4〕 王雲五：《小學自然科詞書・序》〔M〕//杜亞泉、杜其堡、杜其垚：《小學自然科詞書》，上海：商務印書館，1934年，第1頁。

〔註5〕 杜亞泉：〈物質進化論〉〔J〕，《東方雜誌》，1905年第4期。

道：「非也，特科學家的介紹者耳。」〔註6〕

作爲長期堅守在一線傳播科學知識的教師，杜亞泉從自身的親身經歷中切實體悟到，運用科學知識對學生進行人生指導和教育，尤爲必要和重要，即實施人生科學教育，其突出表現就是編著並向學生講授《人生哲學》。該書作爲高級中學教科書，最初是由對中學生談論人生哲學的講稿整理而成。它綜合中西各派觀點，選擇生物學、心理學、倫理學、社會學的精要之處，以人的一生發展貫穿始終，爲杜亞泉晚年傾力之作。〔註7〕他在該書卷首自述道：「鄙人就生物學、心理學、社會學、哲學、倫理學等科學中，搜輯新穎警切的理論，擷取各科學的精義，加以擴充與整理，編爲此書，名《人生哲學》。而以人生的發展爲中心，把此等科學，聯成一片，使青年學生，於萬有科學中，得約略窺見其根柢。」〔註8〕此作一經出版，就受到世人讚譽與推崇。「先生此書，說機體生活及精神生活，占全書三分之一，以先生所治者爲科學的哲學，與懸想哲學家當然不同也。先生既以科學方法研求哲理，故周詳審愼，力避偏宕。……余終覺先生始終不肯以數理自域，而常好根據哲理，以指導個人，改良社會；三十餘年，未之改也。」〔註9〕「其曾費年餘心力，著《人生哲學》一書，搜集各家之說而參以己意，頗爲士林所推重。」〔註10〕

胡愈之先生對杜亞泉科學知識傳授的這一特點作了「蓋棺」評價：「先生是中國科學界的先驅。不但在其早年生活中，對於自然科學的介紹，盡了當時最大的任務，此外在政治學、社會學、語言學、哲學方面，先生亦致力於科學思想的灌輸。」〔註11〕

二、科學方法的訓練

從自身科學傳播實踐中，杜亞泉深感科學知識的獲得離不開科學實驗等各種科學方法。他在《科學世界》等雜誌上撰文，呼籲開展科學實驗研究，

〔註6〕 蔡元培：《杜亞泉君傳》〔M〕//許紀霖、田建業：《一溪集：杜亞泉的生平與思想》，北京：生活・讀書・新知三聯書店，1999年，第4頁。

〔註7〕 陳鎰文、亢小玉、姚遠：〈杜亞泉先生年譜（1912～1933）〉〔J〕，《西北大學學報》（自然科學版），2008年第6期，第1048頁。

〔註8〕 杜亞泉：《人生哲學》〔M〕，北京：商務印書館，1929年，第1頁。

〔註9〕 蔡元培：《書杜亞泉先生遺事》〔M〕//許紀霖、田建業：《一溪集：杜亞泉的生平與思想》，北京：生活・讀書・新知三聯書店，1999年，第7～8頁。

〔註10〕 張梓生：〈悼杜亞泉先生〉〔J〕，《新社會》，1934年第2期。

〔註11〕 胡愈之：〈追悼杜亞泉先生〉〔J〕，《東方雜誌》，1934年第1期。

認爲進行科學實驗不僅能幫助個體獲得並檢驗科學認識，而且還能培養求眞和實證的科學精神。因此，杜亞泉在科學教育中一直很重視開展科學實驗，包括儀器設備建設。正如他回憶道：「購造粗拙之瓶缽，搜羅紛雜之材料，水溶火煆，昏瞀終日，喪財耗精，千失一得。丁酉，越中設郡學，予承乏以算學課諸弟，暇則讀分原辨質之書，知分類定性之理。乃專備考質之器材以治之。復得學堂所備之小學理化器材而試驗之。於是，前所讀之書始有條理而得綱領也。旋，復以小學化學課諸弟。」〔註12〕

饒有意思的是，杜亞泉竭力倡導實業界開展科學調研、統計實驗。他認爲，清廷農商部在勸業委員會內設立工業試驗所，既可借助試驗明瞭物料的功用及其成分，使之爲生產利用，又可給工商業者以科技知識，有裨於實業界。民初實業人才並不缺乏，可農工商仍不發達，原因就在於國人對國內外商業、經濟態勢不夠瞭解。爲此，他建議政府不僅需重視詳考國內發展現狀與需求，而且要在駐外使館添設商務專員，調查海外商業。在調查時，對於「調查事項，不宜百端並舉，應擇其最關緊要者，先事考察，然後遞及其餘。調查方針，宜注重於實情，有疑寧闕，毋意造以淆觀聽。」〔註13〕而且他還時常留心授以學生具體學科的學習方法，以培養學生的科學思維能力。譬如，在介紹怎樣利用珠算開平方和立方時，就明確指出：「我國向有之普通算學，即珠算是也。但珠算中僅於加、減、乘、除四事，立有成法，其他則未聞。若添一開方一門，以期完備，不亦善乎。」〔註14〕在科學著述時，杜亞泉十分注意根據學習者的身心特點，由淺入深、循序漸進地安排學科的知識內容，力圖結合國情加以鎔鑄，而不是照搬西方教材內容。由他主編的《文學初階》，第1冊第9課之前不用虛詞，全部用兒童身邊常見的淺近事物作爲識字內容，如第1課生字爲「大、小、牛、羊」，課文是「大牛、小羊、大小、牛羊」，全書力求字的重複出現，一改傳統教材很少顧及兒童心理的弊端。總之，在杜亞泉看來，地理礦物之考察、工藝品之精密試驗、農商業之調查統計、培養學生的科學思維是對國民進行科學方法訓練的必要舉措。〔註15〕

〔註12〕 杜亞泉：〈定性分析後記〉〔J〕，《亞泉雜誌》，1901年第10期。

〔註13〕 杜亞泉：〈國內調查〉〔J〕，《東方雜誌》，1917年第9期。

〔註14〕 杜亞泉：〈珠算開方法〉〔J〕，《亞泉雜誌》，1901年第8期。

〔註15〕 付東升、陳章：〈杜亞泉科學教育思想探析〉〔J〕，《浙江教育學院學報》，2007年第3期，第43頁。

　　清末民初，「科學」在國人心目中居於無上至尊的地位，「無論懂與不懂的人，無論守舊和維新的人，都不敢對他表示輕視或戲侮的態度。」〔註 16〕而對於科學本質的認識，則迥異其趣。從對科學的理解和實際運用來看，陳獨秀等新青年派把科學當作一種新的社會或者宇宙哲學，他們所看重的並非科學本身或者科學理性，而是科學所衍生出來的倫理的、政治的或者社會的含義。儘管陳獨秀對科學也有十分精當的定義：「科學者何？吾人對於事物之概念，綜合客觀之現象，訴之主觀之理性而不矛盾之謂也」〔註 17〕，強調理性、客觀和實證，而在實踐中卻背離了科學原則，僅僅在科學的名義下推崇諸如社會達爾文主義、孔德實證主義和馬克思主義等社會理論或者非理論形態的社會思潮。「個人主義，乃希臘、羅馬遺傳之思想，至近今而大昌。一變爲達爾文之物競學說，再變爲尼采之超人論，三變爲德意志之軍國主義，皆此思想之遞蛻也。」〔註 18〕在此，個人主義借用了達爾文學說的名義，堂而皇之成爲了科學，而陳獨秀卻並未直接說：「個人主義=達爾文學說=科學」，但他實際上讓個人主義打了科學的牌子。「科學這種文化新要素的力量雖表現爲科學精神和科學原則，卻依靠科學方法來保證；而科學方法本身則置身於具體的科學知識體系建立過程之中，依靠科學知識的實踐去保證。換句話說，如果離開具體科學，科學方法便是空中樓閣；離開科學方法去談論科學精神，便只是販賣江郎貨色。這樣，任何反科學、反文明都可以打著科學的旗號行事。」〔註 19〕杜亞泉對新青年派遠離科學的空洞、玄虛和浮躁之風深不以爲然，評價道：「知識明敏感情熱烈者，常爲革新之魁。至知識蒙昧感情熱列者，表面上爲革新之先鋒，而淺嘗浮慕，宗旨恒不堅定，或轉爲守舊者之傀儡」〔註 20〕，並較爲傷感地痛言：「吾以爲今日之主張一切舊習慣者，實因其心意中並未發生新思想之故」〔註 21〕，對新青年派打著科學的招牌卻違背科學原則的「隨意揮殺」作了鞭闢入裏的揭示。

　　儘管杜亞泉沒有對科學作出具體明確的界定，但縱觀他對科學知識傳授

〔註 16〕　胡適：《科學與人生觀》〔M〕，上海：亞東圖書館，1923 年，第 2～3 頁。

〔註 17〕　陳獨秀：〈敬告青年〉〔J〕，《青年雜誌》，1915 年第 1 期。

〔註 18〕　陳獨秀：《陳獨秀文章選編》（上冊）〔M〕，北京：三聯書店，1984 年，第 195 頁。

〔註 19〕　任雲彪：《啓蒙者對啓蒙運動的批判》〔M〕／／許紀霖、田建業：《一溪集：杜亞泉的生平與思想》，北京：三聯書店，1999 年，第 117 頁。

〔註 20〕　杜亞泉：〈再論新舊思想之衝突〉〔J〕，《東方雜誌》，1916 年第 4 期。

〔註 21〕　杜亞泉：〈何謂新思想〉〔J〕，《東方雜誌》，1919 年第 11 期。

和科學方法訓練的主張和對新青年派的批判，足見其篤信建基於具體科學知識和科學方法之上的科學，才是真正的科學。誠然，在民族危機日益加劇的情勢下，新青年派高舉「科學」大旗固然有其適合時代潮流的「深刻性」。正如陳旭麓先生所指出的，「五四」一代知識分子用「科學」的精神打破「宗法上、政治上、道德上自古相傳的虛榮、欺義、不合理的信仰」，是先進的中國人向西方資本主義國家尋求真理、探索中國致富致強之道所達到的最高成果，也是對前此的啓蒙要求的總結，它真切地反映了「辛亥」後的時代焦渴與需求，因而成為五四時期意識形態領域裏橫掃愚昧的所向披靡的旗幟，對中國人起了振聾發聵的思想大啓蒙、精神大解放的作用，為建立近代國家、近代民族和做一個近代人找到了奮鬥目標。〔註 22〕但他們的「科學」內涵也不乏「片面性」。救亡必然壓倒啓蒙，並在一定程度上使啓蒙之路變得更加艱難漫長。

三、科學精神的培育

科學的本質在於科學精神，科學教育的旨歸在於培育科學精神。杜亞泉堅信理性的重要性：個人「當各澄清其意慮，疏瀹其靈明，養成判別事理審察物情之能力」；官員「當知人民理性之不可抑撓，而又不容任其迷誤」；而「尤有望者，儒者著書，哲人覺世，敷陳學理，啓迪顓蒙，為理性之前驅，作人民之先導，務宜力求平正，切中事情。」〔註 23〕具體說來，他強烈要求國人破除封建迷信，樹立「科學認知有限」和「科學調和」的理念。

（一）痛斥迷信，倡言科學

杜亞泉認為宇宙萬物可分為物質、生命、心靈三種：「無物質之生命，則為佛為仙；無生命之心靈，則為妖為鬼，是皆初民之想像，宗教之寓言而已。」〔註 24〕他疾言厲色地痛斥當時各種迷信活動，直指官廳，「近世科學昌明，讖緯之談，已為多數所擯斥。舊時迷信及傳說之訛誤，一時固未能全除，然官廳文告，則不宜再行唱導，致人民愈滋迷誤，深願各官署機關之加以審慎也」〔註 25〕，猛烈抨擊「假託名義，因緣為奸，依附鬼神，欺蒙漁利」〔註 26〕的

〔註 22〕 陳旭麓：〈「戊戌」與啓蒙〉〔J〕，《學術月刊》，1988 年第 10 期，第 47 頁。
〔註 23〕 杜亞泉：〈理性之勢力〉〔J〕，《東方雜誌》，1913 年第 6 期。
〔註 24〕 杜亞泉：〈物質進化論〉〔J〕，《東方雜誌》，1905 年第 4 期。
〔註 25〕 杜亞泉：〈迷誤之告文〉〔J〕，《東方雜誌》，1918 年第 10 期。
〔註 26〕 杜亞泉：〈慈善事業〉〔J〕，《東方雜誌》，1915 年第 10 期。

惡劣之舉；爲破除流行的「龍之復活」說，他特意撰文解釋龍和蠑螈的關係，以「欲袪世人關於龍之迷信」〔註27〕。

（二）培育國人「科學認知有限」和「科學調和」觀

杜亞泉認爲，人類的科學認知能力是有限的。「故萬有包含於無極之中，而吾於無極之內，截取其地段若干，而立爲太極。太者大也，最大之至境也。人類所取之太極，即在人類思想能力所已及者爲界，謂太極界。太極界之愈擴而愈大，即人類之進步矣」〔註28〕，強調宇宙是無限的，而人類對宇宙間科學的認知能力卻是有限的；人類的認知能力可以不斷發展，不斷擴大對宇宙的認知，但是永遠不能窮盡對宇宙的認知。「近世科學，進步甚著，往往侵入命運之領土內，擴張知能之區域。然知能所及之區域，無論如何擴張，常爲知能不及之區域所包圍，以知能爲有限性，自然界爲無限性也。故科學雖與命運爲仇敵，然謂科學能戰勝命運，則決無是理。彼持科學萬能說而蔑視命運者，猶於室內燃電燈、置風扇，而謂自然界之晝夜寒暑，皆爲吾人知能所管轄，亦多見其不知量矣。」〔註29〕顯而易見，杜亞泉這種凸顯低調、對人類知能有限性的判斷，與新青年派尊科學爲神明大相逕庭，充分體現了其懷疑謹愼的科學理性精神，與其早期科學救國的樂觀態度形成了鮮明對比，更打破了「科學萬能說」，無疑是對科學主義僭妄的矯正。

隨著時間的推移，杜亞泉的科學教育觀漸生轉變。「從一個科舉出身的知識分子到崇拜西方科學技術的學者；又醉心於西方文化，推崇西方物質文明轉變到反對全盤西化，主張中西融合，提倡精神文明，這是我父親思想上的兩次重大飛躍。」〔註30〕面對西方文化的衝擊，清末民初中國著力進行了一系列社會變革，但終歸還是給國人留下了失望，甚至絕望。中國文化頻陷危機之中；同時，第一次世界大戰慘絕人寰，創深痛巨，使歐人對自己的前途與命運痛失信心，陷於悲觀、混亂、迷茫之境。「歐人危疑彷徨，不知所措，雜藥亂投，實陷於理性危機之中。」〔註31〕尤其是斯賓格勒《西方的沒落》

〔註27〕 杜亞泉：〈蠑螈與龍之關係〉〔J〕，《教育雜誌》，1917 年第 12 期。

〔註28〕 杜亞泉：〈無極太極論〉〔J〕，《普通學報》，1901 年第 2 期。

〔註29〕 杜亞泉：〈命運說〉〔J〕，《東方雜誌》，1915 年第 7 期。

〔註30〕 杜其在《回憶我的父親——杜亞泉》〔M〕//許紀霖、田建業：《一溪集：杜亞泉的生平與思想》，北京：生活・讀書・新知三聯書店，1999 年，第 43 頁。

〔註31〕 韋拉里：《韋拉里論理智之危機》〔N〕，《大公報・文學副刊》，1928 年 3 月 5 日，第 2 期。

一書的出版，更表徵了歐人對自己文化的惆悵。杜亞泉有感於時代的變遷，告誡國人：「則吾人今後，不可不變其盲從之態度，而一審文明真價之所在」〔註32〕，並強調指出，「平情而論，則東西洋之現代生活，皆不能認爲圓滿的生活，即東西洋之現代文明，皆不能許爲模範的文明；戰後之新文明，自必就現代文明，取其所長，棄其所短，而以適於人類生活者爲歸」〔註33〕，主張建立西方科學與東西方道德相融合的新文明，認爲西洋文明的基礎和菁華是發達的自然科學，這爲東洋文明所缺乏，因此在教育中「第一當研求科學以補東洋文明之不足，第二研究固有之文明，與西洋之文明包含而化合之」〔註34〕，寄望學生能擔負起這樣的責任。

鑒於救亡的壓力，新青年派出於急迫心理，而無法深入從事科學啓蒙事業，而是選擇了以批判傳統代替科學啓蒙。儘管陳獨秀宣稱是爲了擁護德、賽先生才去反儒家禮教道德的，但在實際的倫理革命中卻恰恰翻了個——擁護德、賽先生是爲了要去反舊傳統。「要擁護那德先生，便不得不反對孔教、禮法、貞節、舊倫理、舊政治；要擁護那賽先生，便不得不反對舊藝術、舊宗教；要擁護德先生又要擁護賽先生，便不得不反對國粹和舊文學。」〔註35〕德、賽先生被陳獨秀請來保護了《新青年》對傳統的批判而遭致的非難。其實，《新青年》雜誌論及「科學」的字眼比比皆是，但真正討論科學或者科學方法的卻寥寥無幾。「《新青年》所討論的，不過是文學、孔教、戲劇、守節、扶乩，這幾個很平常的問題」〔註36〕，根本未對賽先生下工夫，其真正目的在於爲反舊禮教，倡白話文，與疑古史舊書。對此，杜亞泉卻認爲，傳統並非科學的死敵，二者可以互融共存，倡導國人要科學地對待傳統，並作出了鮮明、系統的闡述。

第一，現代科學與宗教傳統互融共存。新文化運動伊始，陳獨秀針就提出了「以科學代宗教」的主張。他認爲，西方以自然科學爲基礎的思想、精神和方法，可以在世界觀、人生觀、社會歷史觀等方面全面取代宗教，作爲

〔註32〕 杜亞泉：〈靜的文明與動的文明〉〔J〕，《東方雜誌》，1916年第10期。

〔註33〕 杜亞泉：〈戰後東西文明之調和〉〔J〕，《東方雜誌》，1917年第4期。

〔註34〕 杜亞泉：〈潯溪公學開校之演說〉〔J〕，《普通學報》，1902年第4期。

〔註35〕 陳獨秀：《陳獨秀文章選編》（上冊）〔M〕，北京：三聯書店，1984年，第317～318頁。

〔註36〕 陳獨秀：《陳獨秀文章選編》（上冊）〔M〕，北京：三聯書店，1984年，第364頁。

現代社會的新信仰。杜亞泉認為，宗教作為一種精神信仰資源，具有凝聚民族精神和維繫社會秩序的偉大力量，因而現代化不宜蔑棄宗教傳統。「夫宗教倫理，為民族組成之要素，其支配社會維持治安之潛力，至為偉大。若被破壞，則善惡無所遵循，是非莫由辨別，人民必將彷徨歧路，靡所適從，精神界之侜擾，有不堪設想者矣。」〔註37〕在一定意義上，宗教具有其他資源不可替代的，與科學互補調劑的不可或缺的精神價值。正如羅素所言：「世界需要一種能促進生活的哲學或宗教。如果要使生活成為完全是人的生活，它必須為某種目標服務，這種目標在某種意義上似乎是在人的生活以外的，就是某種目標，它是非個人的超出於人類的，有如上帝或真理或美。這一種對於不朽事物的幸福的默想，就是斯賓諾莎所稱的對於上帝的理智的愛。」〔註38〕同時杜亞泉還認為，一種主義絕對不可能包涵世間萬理，宗教也是如此。「夫以千百年各築藩籬之宗教，乃有接近之一日，此亦足見一種主義之不能包涵萬理，而矛盾之決非不可和協者矣」〔註39〕，力主現代科學與宗教傳統互融共存。

現代科學與宗教傳統的關係，是五四時期中西新舊之爭的焦點問題之一。科學主義「以科學代宗教」的激進方針、「重新估定一切價值」的評判準則乃是「以西評中」、「以新衡舊」的單向文化批判，顯然源於尋求富強的「現代化情結」。針對這一現象，有學者指出，「就思想而言，五四實在是一個矛盾的時代：表面上它是一個強調科學，推崇理性的時代，而實際上它卻是一個熱血沸騰、情緒激蕩的時代；表面上五四是以西方啟蒙運動重知主義為楷模，而骨子裏它卻帶有強烈的浪漫主義色彩。」〔註40〕五四思想的內在困境和危機，在於其匱缺作為歐洲啟蒙傳統之基礎的「分析還原和理智重建」的理性方法，而僅僅立基於一種「態度」〔註41〕。而杜亞泉對於現代科學與宗教傳統的互融共存態度，恰恰彌補了文化激進主義理性建構不足的缺陷，切中了五四啟蒙思想的偏弊，其「溫和漸進」之風格由此可見一斑。

〔註37〕 杜亞泉：〈國家主義之考慮〉〔J〕，《東方雜誌》，1918 年第 8 期。

〔註38〕 伯特蘭・羅素：《社會改造原理》〔M〕，上海：上海人民出版社，1959 年，第 145 頁。

〔註39〕 杜亞泉：〈矛盾之調和〉〔J〕，《東方雜誌》，1918 年第 2 期。

〔註40〕 張灝：《危機中的中國知識分子》〔M〕∥蕭延中：《啟蒙的價值與局限》，太原：山西人民出版社，1989 年，第 54 頁。

〔註41〕 汪暉：《無地彷徨・序》〔M〕，杭州：浙江文藝出版社，1994 年，第 16 頁。

　　第二，現代科學與中醫傳統互融共存。早在新文化運動之初，陳獨秀就提出了「中醫非科學」的觀點〔註42〕，表現出明顯的西化主義傾向。與陳獨秀相呼應，余雲岫對中醫也持鄙薄蔑棄之見，認爲中醫不僅解剖學落後，而且其醫學理論也是非科學的；中醫的生理學和病理學皆立基於陰陽五行學說，而陰陽五行說只是古代哲學家的空想，到了今日科學時代，已全無科學的價值，必須將其徹底摒棄。〔註43〕杜亞泉決不贊同對中醫價值全盤否定的論調，奮而爭之。「中西醫學，大同小異。……習西醫者詆諆中醫，謂中醫專重陰陽五行之說，憑臆想而不求實驗；信中醫者排斥西醫，謂西醫多用金石劇烈之藥，精外科而不善內治。是皆一孔之見，偏執之論也」〔註44〕，強調中西醫學理法不同，二者互有優長。「世界事物，在現世科學的範圍以內者，不過一部份」〔註45〕，並以西醫的「血液循環」和「神經作用」學說闡釋中醫的「血氣」，以西方病理學的「循環障礙」理論解釋中醫的「血氣不和」與診脈方法，以溫度作用和氣壓作用詮解中醫的「風火寒熱燥濕」（六淫）爲例證，深刻闡述二者可以互融共存。

　　毋容置疑，這種對待科學價值的「溫和」態度，顯然比宣判式的無情批判傳統更符合科學精神和科學原則，也更利於對傳統的揚棄和接納科學。

評價

　　民初中國新思潮伴隨著「調和」與「激進」兩種路線的日形牴牾而彼此消長地演進著。陳獨秀痛斥「調和」：「無論政治學術道德文章，西洋的法子和中國的法子，絕對是兩樣，斷斷不可調和牽就的。若是決計革新，一切都應該採用西洋的新法子，不必拿什麼國粹，什麼國情的鬼話來搗亂。因爲新舊兩種法子，好像水火冰炭，斷然不能相容；要想兩樣並行，必至弄得非牛非馬，一樣不成」〔註46〕，視「調和」爲「很流行而不祥的論調」、「人類惰性的惡德」〔註47〕，胡適也將「調和」看作「懶人懦夫」所爲〔註48〕。他們堅持矯枉過正的激進路線，以「石條壓駝背」爲方針，實現國民性改造，由

〔註42〕陳獨秀：〈敬告青年〉〔J〕，《青年雜誌》，1915 年第 1 期。
〔註43〕余雲岫：〈科學的國產藥物之第一步〉〔J〕，《學藝》，1920 年第 4 期。
〔註44〕杜亞泉：〈中西驗方新編敘言〉〔J〕，《東方雜誌》，1916 年第 11 期。
〔註45〕杜亞泉：〈中國醫學的研究方法〉〔J〕，《學藝》，1920 年第 8 期。
〔註46〕陳獨秀：〈今日中國之政治問題〉〔J〕，《新青年》，1918 年第 1 期。
〔註47〕陳獨秀：〈調和論與舊道德〉〔J〕，《新青年》，1919 年第 6 期。
〔註48〕胡適：〈新思潮的意義〉〔J〕，《新青年》，1919 年第 1 期。

此在科學啓蒙上奉行科學主義，對科學過度信任，推崇科學為萬能的現代神話。而杜亞泉慮及激進的革命易導致社會倫理的失範和國民心理的非理性傾向所難免的破壞性後果，而主張溫和理性的思想啓蒙。

誠然，文化激進主義合乎時代潮流，固然不乏其矯枉過正的深刻的歷史合理性，而杜亞泉的「科學調和論」則以其穩健的姿態，防避了其矯枉過正的破壞性流弊，其實質是會通中西、融合新舊，體現了多元、開放的思想特徵。「假如我們不再持有一元論心態的話，就無法否認這也是一種啓蒙。不過是另一種啓蒙，一種溫和的、中庸的啓蒙。」〔註49〕

〔註49〕許紀霖、田建業：《杜亞泉文存》〔M〕，上海：上海教育出版社，2003 年，第496～497 頁。

玖、論杜亞泉的科技應用觀

摘要：作爲畢生以科學傳播爲業的知識分子，杜亞泉胸懷愛國憂患意識，在中國近代史上首倡科技決定政治的「藝本政末」論，認爲科技應用的社會意義在於興國。一戰爆發後，他對科技功用的發揮作了深刻反思，強調科技應用應受倫理規約：以理智抑制欲望來滿足公眾的生活需要，科技與道德相調和以構建現代文明乃科技應用的價值旨趣。這一由樂觀到審慎的科技應用觀，提出了中國現代化進程中的重大文化課題，見解深邃獨特，實不失爲中國啓蒙時期的一個開放辯證、穩健周詳的典型論斷，閃爍著調適的智慧光芒。

關鍵詞：杜亞泉；科技應用；調適智慧

杜亞泉（1873～1933），原名煒孫，字秋帆，別號亞泉，又署名傖父、高勞。浙江紹興府山陰縣傖塘鄉（今上虞市長塘鎮）人，畢生致力於科學傳播事業，被尊爲近代「中國科學界的先驅」〔註 1〕，科學思想豐富而深刻。「其科學觀沿循溫和漸進的路線，彰顯了理性的調和智慧，開創了迥異於文化激進主義的『另一種啓蒙』。」〔註 2〕其中，他關於科技應用的見解，是其冷峻

〔註 1〕 胡愈之：〈追悼杜亞泉先生〉〔J〕，《東方雜誌》，1934 年第 1 期。
〔註 2〕 閻乃勝：〈論杜亞泉的科學觀〉〔J〕，《自然辯證法研究》，2010 年第 8 期，第100 頁。

睿智的突出表徵。為進一步深化對這位中國近代科學傳播巨匠科學觀的認識與研究，著力剖析其科技應用觀，揭櫫其在中國近代科技哲學史上的地位和影響，頗有意義。

一、興國：科技應用的社會意義

　　近代以來，一些開明的士大夫和愛國志士對科學技術的應用價值都有較深體悟。在洋務派看來，挽救封建統治危機的指導方針是「中學為體、西學為用」，強調西方先進的科學技術，尤其是軍事科技的應用，是實現「自強」和「求富」的必要手段，但非治本之策，它僅起輔助功用，「中學」乃固本之道。他們將魏源等人「師夷長技」的思想付諸實踐，積極推動中國近代科技發展，強化了西方科技文明對中國近代化的影響。洋務派旨在不觸及封建統治制度的前提下，倡導學習應用西方科技。就其實質而言，「中體西用」屬於一種內在二元對立的枝節學習方案，把科技應用的意義定位在穩固封建政治制度上，即視科技為政治服務的工具：科技是手段，政治是目的。

　　與之迥異的是，胸懷愛國憂患意識的杜亞泉深諳中國傳統的經史訓詁之學的「無裨實用」：「歎考據詞章之汨人心性，而科舉之誤人身世也」〔註3〕，轉而從數學入手，潛心研讀學習西方科技。更為重要的是，他在《〈亞泉雜誌〉‧序》中首倡科技與政治關係的「藝本政末」論：「政治與藝術之關係，自其內部言之，則政治之發達，全根於理想，而理想之真際，非藝術不能發現。自外部觀之，則藝術者固握政治之樞紐矣。航海之術興，而內治外交之政一變；軍械之學興，而兵政一變；蒸汽電力之機興，而工商之政一變；鉛印石印之法興，士風日闢，而學政亦不得不變。且政治學中之所謂進步，皆借藝術以成之。」〔註4〕這裡的「藝術」，即「科學技術」之意。在杜亞泉看來，科技的應用是政治發達的基礎：科技決定政治，二者並非手段與目的的關係。儘管杜亞泉在此僅看到了科技的「經世致用」價值，但他以一個全新的視角透視出科技的社會功用，從而為闡明科技應用的社會意義做了堅實的理論奠基。顯然，「他已從『中體西用』的拘囿中走了出來，堪為獨具慧眼。」〔註5〕繼而杜亞泉例舉了科技應用的社會意義：「德意志之興，雖其君相之

〔註3〕　杜亞泉：〈定性分析〉〔J〕，《亞泉雜誌》，1901年第10期。

〔註4〕　杜亞泉：〈《亞泉雜誌》序〉〔J〕，《亞泉雜誌》創刊號，1900年第1期。

〔註5〕　閻乃勝：〈論杜亞泉的科學觀〉〔J〕，《自然辯證法研究》，2010年第8期，第100頁。

賢，而得齎賜創置中槍，中興之功，未始非銅匠之力耳」〔註6〕，深刻揭示出國家振興的基礎在於科技的應用，所以他呼籲國人要「降格以求，潛心實際，熟悉技能，各服高等之職業，猶爲不敗之基礎也」〔註7〕，且深信在工藝時代的 20 世紀，未來社會的主力軍必將是「有科學的素養而任勞動之業務者」的「科學的勞動家」。由此可見，他對科技應用的興國價値，抱以樂觀的態度，給予國人較爲理想的人格發展期待。無獨有偶，此時的中國科學社也與杜亞泉科技應用的興國意義觀相映成趣：「夫工商所以富國，國富而後強；科學應用所以發達工商，工商發達而後國富；然則科學應用乃興國上策，至此將如天經地義，爲不磨滅之論矣。」〔註8〕

在民族危機四伏、救亡圖存的歷史情勢下，科技無法救濟自身，更談不上去救濟國家，科技的應用效力受社會現實諸多因素的影響，所以應用科技以救國是有局限性的，但應用科技可以興國，因爲科技具有生產力性質。「科技是最高意義上的革命力量」〔註9〕，其應用可使生產工具發生變革、產業結構發生顯著變化：促使新的產業和產業部門形成、改造原有產業部門、推動產業結構高級化或現代化。杜亞泉對科技應用隨之所帶來的「內治外交之政、兵政、工商之政、學政」變化的現實感言，表明了他視科技爲推動社會進步和國家興盛的「內生變量」。「科技的偉大作用主要是它作爲經濟內生變量併入生產過程、併入經濟宏觀運行。」〔註10〕故而其應用必然是興國的重要推動因素。目睹科教興國戰略已成爲當下不可逆轉的時代發展潮流，再縱觀杜亞泉的科技應用「興國論」，其合理性和前瞻性由此可見一斑。

二、以理智抑制欲望來滿足公眾的生活需要：科技應用的倫理規約

隨著一戰的爆發所暴露出的西方文明的困境和清末變革所導引的中國文化危機的出現，杜亞泉轉而對科技的應用價値作了審愼的反思。他在《靜的文明與動的文明》一文中明確指出：「自歐戰發生以來，西洋諸國，日以其科學發明之利器，戕殺其同類，悲慘劇烈之狀態，不但爲吾國歷史之所無，亦

〔註6〕 杜亞泉：〈〈亞泉雜誌〉序〉〔J〕，《亞泉雜誌》創刊號，1900 年第 1 期。
〔註7〕 杜亞泉：〈〈亞泉雜誌〉序〉〔J〕，《亞泉雜誌》創刊號，1900 年第 1 期。
〔註8〕 葉建柏：〈科學應用論〉〔J〕，《科學》，1911 年第 1 期。
〔註9〕 馬克思・恩格斯：《馬克思恩格斯全集・中文》1 版（第 19 卷）〔M〕，北京：人民出版社，1963 年，第 372 頁。
〔註10〕 劉大椿：《科學技術哲學導論》（第 2 版）〔M〕，北京：中國人民大學出版社，2005 年，第 446 頁。

且為世界從來所未有」〔註11〕，並認為：「科學僅為發達經濟的手段，苟目的已誤，則手段愈高，危險亦愈甚。……西洋社會之經濟目的，則不在充足其生活所需之資料，而在滿足其生活所具之欲望。以科學為前驅，無限之欲望，隨之而昂進，其結果則產出精巧之工藝品。此等工藝品，既非自己生活所必須，生產過剩，與生活且有大害。」〔註12〕在此，他提出了科技應用的價值評判標準：科技應用應受倫理規約，即以理智抑制欲望來滿足公眾的生活需要。

杜亞泉所說的「理知」，即「理智」，抑或稱「理性」。他對「理性」是這樣界定的：「理性者，吾人所持以應付事物、範律身心者也。本乎生理之自然，與夫心理之契合，又益之以外圍時地之經驗，遂形成一種意識。平時寂處，則蘊之為良知；出與物接，則發之為意志。」〔註13〕顯然，他所理解的「理性」是日常生活層面的，與梁漱溟的觀點異曲同工：「所謂理性者，要義不外吾人平靜通達的心理而已」〔註14〕，都意在主張人們克制衝動，以一份沉靜的心態，臻達寵辱不驚的人生境界。在杜亞泉看來，理性是人的本性之一，在現實生活中，理性是可以抑制欲望的，只有理性戰勝了欲望，社會方可進於文明。他撰文《對於李石岑先生演講〈舊倫理觀與新倫理觀〉的疑義和感想》，批駁了李的「理智產生於欲望」、「欲望是因，理智是果」的觀點，據理力爭，堅信理智足以能抑制欲望。他舉例說：「成人的行為，由單一的欲望出發的很少，通常所謂的有意的行為，總是同時有二個以上的欲望，經心意的選擇後，才決定實行的。這個選擇，就是理智對於欲望所負輔導的責任。選擇的結果：一個被選的欲望，賴理智的輔導而得到滿足；其餘若干個落選的欲望，就不能不受理智的抑制了。當許多欲望互相抗爭的時候，理智若沒有禁欲的能力，同時也就沒有了導欲的能力，這是顯而易見的。」〔註15〕總的說來，杜亞泉深刻闡述了理性抑制欲望的可能性與必要性，為論證人類需在倫理規約下著力科技應用尋到了內在依據。

〔註11〕 杜亞泉：〈靜的文明與動的文明〉〔J〕，《東方雜誌》，1916 年第 10 期。

〔註12〕 杜亞泉：〈戰後東西文明之調和〉〔J〕，《東方雜誌》，1917 年第 4 期。

〔註13〕 杜亞泉：〈理性之勢力〉〔J〕，《東方雜誌》，1913 年第 6 期。

〔註14〕 魯薇娜：《梁漱溟隨想錄》〔M〕，太原：山西高校聯合出版社，1992 年，第 82 頁。

〔註15〕 杜亞泉：〈對於李石岑先生演講《舊倫理觀與新倫理觀的疑義和感想》〉〔J〕，《一般》，1927 年第 2 期。

毋容置疑，杜亞泉認為，第一次世界大戰，究其實質而言，乃帝國主義國家應用自己掌控的科學技術搶佔商品銷售市場的掠奪戰爭。佔社會總人口少數部份的統治階級為了滿足自己日益無限膨脹的私欲，喪心病狂，肆意製造戰亂。他們失去了理智，而置廣大人民的生活需要於度外。繼而他強調指出，「科學上之知識技能，當利用之以生產日常須要之物，使其產出多而價值廉，以應下層社會之用，而救其缺乏。若奇巧高貴之品，便安享樂之法，僅為上層社會發達肉欲計者，及奢侈品、裝飾品、消耗品，以誘惑普通社會而害其生計者，必力屏之。」〔註16〕顯然，他的這一論斷有啟人之思之意趣：科技被應用於軍事目的，其倫理何在？這就涉及到人的活動的價值取向問題。科學活動作為一種負載價值的實踐過程，倫理規約應該成為其內在維度之一，為人類及其生存環境謀取最大福利，即堅持公眾利益優先原則，方能真正體現出科學職業的精神實質。「科學是一種強有力的工具。怎樣用它，究竟是給人類帶來幸福還是帶來災難，全取決於人自己，而不取決於工具。」〔註17〕人是在倫理的規約下生活著的，對於科技應用的規制也不例外。在此，杜亞泉強調科技的應用應以理智抑制欲望來滿足公眾的正當生活需求，而不應淪為少數上層人士追求欲望的工具，「倫理的標準，終以人己之安全幸福為目的」〔註18〕，即以倫理規約科技。這正是中國社會現代化進程中亟需理性回應的重大文化課題，見解深刻。

三、與道德相調和以構建現代文明：科技應用的價值旨趣

科技屬於人類認識自然和征服自然的力量顯現，道德乃人類約束和完善自身行為的規範，二者均是人類文明進步的表徵。人們將一戰的爆發所暴露出來的慘烈和弊病，歸因於科技的應用，繼而一致檢省科技應用的價值旨趣。誠如嚴復在寫給門生熊純如的信中就表達了自己對該問題的感悟：「不佞垂老，親見脂那七年之民國與歐羅巴四年亙古未有之血戰，覺彼族三百年之進化，只做到『利己殺人，寡廉鮮恥』八個字。」〔註19〕被自己一向嚮往的以科技為基礎的西方文明，在嚴復看來，現在卻是「利己殺人，寡廉鮮恥」了。

〔註16〕杜亞泉：〈戰後東西文明之調和〉〔J〕，《東方雜誌》，1917年第4期。
〔註17〕愛因斯坦：《愛因斯坦文集》（第3卷）〔M〕，北京：商務印書館，1979年，第56頁。
〔註18〕杜亞泉：〈倫理標準說〉〔J〕，《東方雜誌》，1905年第5期。
〔註19〕王栻：《嚴復集》（第3冊）〔M〕，北京：中華書局，1986年，第692頁。

這與杜亞泉看法一致。其實，造成西方文明敗落的不是科技本身的問題，而是科技被人為「應用」的結果。事實上，科技只是一種形而下的文明，好比現在我們所說的一把「雙刃劍」，必須要有一種能夠把控它的思想精神，否則科技能造福人類，也會給人類帶來災難。換言之，科技應用本身隸屬於道德範疇：「用它造福人類，那是價值觀念的善；用它毀滅人類，那是價值觀念的惡」〔註 20〕。也就是說，科技應用要以人為本，要秉持合規律性與合目的性相統一，目的性先於規律性的原則，這才是科技應用之「善」和人類文明的原點。顯然，科技應用的負效應顯然違背了科技為人類服務的初衷；在應用問題上，科技與道德相調和是人類文明發展之應然所需。

以科技為基礎的西方文明並不是人類唯一的文明。在杜亞泉看來，治世之道，不能只強調應用科技來實現物質的競爭，而必須喚起人們的道德精神，使發生高尚的目的，即「由非道德的人類，變而為道德的人類之謂也。脫離非道德的進化律自由發展之動物世界，建設一道德的進化律所支配之人間世界。」〔註 21〕將科技與道德相調和，藉以實現人類文明，乃科技應用的價值旨趣。杜亞泉指出，科技應用要「以適於人類生活為歸」，成為人類新文明的積極推進者。「蓋文明之價值，不能不就其影響於人類生活者評價之。」〔註 22〕人類生活有兩大最重要的領域：經濟與道德。他進一步強調：「既富加教，實為人類保持生活的大綱。文明之定義，本為生活之總稱，即合社會之經濟狀態與道德狀態而言之。經濟道德俱發達者為文明。」〔註 23〕這裡說的人類的「經濟」生活，其實就是基於科技應用所帶來的人類經濟生活境況。以此為標準，當時東西方均不是模仿之文明，而應該加以匯合融通，「以彼之長補我之短」，使以科技為基礎的西方文明與以道德為基礎的東方文明相調和，創造新文明，從而實現科技應用的文明旨歸。用杜亞泉的話說，就是「吾人之天職，在實現吾人之理想生活，即以科學的手段，實現吾人經濟的目的。以力行的精神，實現吾人理性的道德」〔註 24〕，並預言源於希臘文化的西方科學與源於希伯來文化的西方道德在歐戰後必然會走向融合，相信中國道德

〔註 20〕 齊振海：《未竟的浪潮》〔M〕，北京：北京師範大學出版社，1996 年，第 251 頁。

〔註 21〕 杜亞泉：〈精神救國論（續一）〉〔J〕，《東方雜誌》，1913 年第 2 期。

〔註 22〕 杜亞泉：〈戰後東西文明之調和〉〔J〕，《東方雜誌》，1917 年第 4 期。

〔註 23〕 杜亞泉：〈戰後東西文明之調和〉〔J〕，《東方雜誌》，1917 年第 4 期。

〔註 24〕 杜亞泉：〈戰後東西文明之調和〉〔J〕，《東方雜誌》，1917 年第 4 期。

本來就與希臘希伯來道德多有契合之處，西方兩西傳統道德相互調和之後，與中國道德傳統必將異曲同工，這就為科技應用時與道德相調和提供了強有力的學理依據。

尤其值得一提的是，杜亞泉在科技應用追求問題上，深信我國的固有道德觀念，是最純粹中正的，因此用我國的以道德為核心的傳統文明作為未來文明的指導者，來統整西方科技文明，將是今後世界文明發展的新趨向。在此，他表現出了對中華道德文明力量的高度文化自覺和深度文化自信，為科技應用在構建現代文明的出路上指明了方向。

四、開放辯證、穩健周詳：杜亞泉科技應用觀「調適」智慧的特色

蔡元培先生以「中和」來概括中華民族的特性。他指出，「中和」的意義在於「不走極端，而選取兩端的長處，使互相調和。」〔註25〕馮友蘭先生認為，「中和」的要義在於多元的和諧統一。「中」指既不太過，又不不及的恰到好處；「和」則是調和不同以達到和諧的統一。「和」有別於「同」。「同」與「異」不相容，「和」與「異」則並非不相容。相反，只有幾種「異」合在一起形成統一時才有「和」。但是，要達到「和」，合在一起的各種「異」都要按照適當的比例組合在一起，這就是「中」。「中」的作用是達到「和」。〔註26〕潘光旦則指出，權衡執中的分寸原則則貫穿於中國人文我思想的諸方面。換言之，可稱之為力求在對立的兩極之間尋求均衡的中道，即「對立和諧」。誠如卡西爾所說的：「對立構成和諧，正如弓與六弦琴。」〔註27〕也就是實現二者辯證的和諧統一，此乃中國調適智慧的本質內涵。蔡元培在評價《人生哲學》一書出版意義時對杜亞泉調和思想作出了這樣中肯公允的評價：「以先生所治者為科學的哲學，與懸想哲學家當然不同也。先生既以科學方法研求哲理，故周詳審慎，力避偏宕，對於各種學說，往往執兩端而去其中，……種種相對的主張，無不以折衷之法，兼取其長而調和之；於倫理主義取普泛的完成主義，於人生觀取改善觀，皆其折衷的綜合的哲學見解也。」〔註28〕這一論斷精確概括和深刻揭櫫了杜亞泉「調和」，抑或「調適」智慧的

〔註25〕 沈善洪：《蔡元培選集》（下）〔M〕，杭州：浙江教育出版社，1993年，第1281頁。

〔註26〕 馮友蘭：《中國哲學簡史》〔M〕，北京：北京大學出版社，1996年，第150頁。

〔註27〕 〔德〕卡西爾：《人論》〔M〕，上海：上海譯文出版社，1985年，第288頁。

〔註28〕 蔡元培：〈書杜亞泉先生遺事〉〔J〕，《新社會》，1934年第2期。

思想特色：開放辯證與周祥審慎，與五四時期陳獨秀、胡適、丁文江等革新派之獨尊科學而蔑棄傳統的科學主義，以及嚴復、辜鴻銘等守舊派之詆毀科學而專崇孔孟的復古主義相比較，更能獨顯其個性風格。

　　杜亞泉起初對科技應用的社會意義極其樂觀，隨著時間的推移，逐漸對此作出了更深入和理性審慎的思考：將自身的思想著力點放在了中國現代化的文化建設問題上，即探尋基於科技和道德匯合融通上的文明創造。他的這一心路歷程的成熟衍變最終意在以科技應用來推進中國現代文明，實現有秩序的進步。「文明云者，乃即其秩序之極界擴展於至大之謂。最文明之世，萬有皆列於秩序之中而已。」〔註29〕此乃杜亞泉科技應用觀「調適」智慧的本質力量所在。其實，這一溫和的調適理念也只有在趨於理性而文明的開放時代，才能彰顯其去思想價值。

〔註29〕 杜亞泉：〈無極太極論〉〔J〕，《普通學報》，1901 年第 2 期。

拾、構建核心價值體系：回望杜亞泉的精神濟世觀

摘要：如何構建反映民族特色和時代要求的核心價值體系，乃當下文明強國的重大要務。先賢杜亞泉對此有許多精闢思想和獨到見解，其精神濟世觀尤為值得回望：摒棄進化論庸俗之嫌，實現「心意逐達」；秉持「體常用變」論，推進道德現代轉換；奉守協力主義，引領社會共進；追求「自然存在」，提升人生境界。

關鍵詞：杜亞泉；核心價值體系；精神濟世

改革開放以來，我國已躍居成為世界第二大經濟體，國家綜合實力日益增強，人民群眾的生活水平顯著提高。但拜金主義正腐蝕著社會機體，不良社會風氣不斷滋生蔓延。當前情況與上世紀初杜亞泉（1873年～1933年，中國近代啟蒙思想家和科學教育家，《東方雜誌》主編）在《迷亂之現代人心》及其他文章中提到的一些消極現象有驚人的相似之處。他曾尖銳地指出國人精神界破產問題：「破產而後，吾人之精神的生活，既無所憑依，僅餘此塊然之軀體、蠢然之生命，以求物質的生活，故除競爭權利、尋求奢侈以外，無復有生活的意義」〔註1〕，致使物質主義大熾，奢侈糜爛之風盛行。另

〔註1〕 杜亞泉：〈迷亂之現代人心〉〔J〕，《東方雜誌》，1918年第4期。

外，社會各界「以競爭勝利爲生存必要之條件，故視勝利爲最重。……孜孜於圖謀自己利益，汲汲於主張自己權利，及享用過於奢侈。」〔註2〕高尚文明的精神世界已經泰半無存。由於先進合理的思想文化理念未能滲透到國家體制和社會生活中，成爲每一個國民的精神支柱與理想寄託，使得人們喪失了「國是」：「全國之人，皆以爲是者之謂。蓋論利害，則因地位階級之不同，未易趨於一致；若論是非，則人同此心，心同此理，自可出於一途也」〔註3〕，即「國民共同概念」，或者說「核心價值」。他強調指出：「必其人民與人民間，意識思慮大致相同，好惡愛拒不甚懸隔，判斷事理既無顯著之差違，辨別是非復鮮反覆之矛盾，夫而後群策群力，相繫相維，而國本於以奠定焉，則國民之共同概念是已」，屬於「國家存在之本原，有之則強而存，無之則弱而亡」，而且這個共同概念一經形成，「未嘗不可易轍改弦，但必爲有步驟之變更，得大多數之贊許，則仍可穩健進行。」〔註4〕毋容置疑，只有以「國是」來凝聚共識，構建反映民族特色與時代要求的核心價值體系，喚起人們的精神：以精神之靈而濟物質之乏，才可夯實中華民族的文明之基。先賢杜亞泉對此有許多精闢思想和獨到見解，其精神濟世觀尤爲值得回望。

一、摒棄進化論庸俗之嫌，實現「心意逐達」

眾所周知，價值體系的關鍵乃在於精神，精神的取向指引著核心價值的取向。構建核心價值體系，首要的是重視精神的作用，確定精神的取向，重視精神對於核心價值體系的整合與引導作用。

從 1913 年 7 月到 1913 年 9 月，杜亞泉接連在《東方雜誌》上發表了三篇主題相同的文章——《精神救國論》，主張以「精神」而非「物質」來挽救頹廢的世風、墮落的道德，著重指出了庸俗進化論的缺點。他以法國實證主義哲學家孔德與英國社會學家斯賓塞爲例，揭櫫此二氏學說的旨趣在於將生物進化原理運用於人類社會，鼓吹人類社會生存競爭法則，致人類社會競爭過烈，物質主義大熾。少數富豪「以物質欲之愈縱而愈烈焉，幾若聚一世之物力，盡資其揮霍，而猶不足以快其豪舉」。反觀「如斯政治下之人民，除依自暴自棄之肉欲的刺戟以外，無以求精神之慰安，風俗愈趨於頹壞，則人心

〔註 2〕 杜亞泉：〈靜的文明與動的文明〉〔J〕，《東方雜誌》，1916 年第 10 期。
〔註 3〕 杜亞泉：〈迷亂之現代人心〉〔J〕，《東方雜誌》，1918 年第 4 期。
〔註 4〕 杜亞泉：〈國民共同之概念〉〔J〕，《東方雜誌》，1915 年第 11 期。

愈向於壓制。」〔註5〕其學至其末流，以生存競爭為圭臬，且推波助瀾，變本加厲，遂使社會進化之原理，轉為社會墮落之原因，令今人扼腕歎息。

法國實證主義哲學家孔德將社會學劃分為靜力學與動力學兩類，其社會動力學導向進步與秩序。而所謂「進步」實質上就是進化，是達爾文主義在社會學層面的引申與發揮，所以，杜亞泉認為，「其主要的論旨，不外乎以生存競爭為原因，以自然淘汰為作用，以進化為結果。」〔註6〕這種主張，開始確能鼓勵人們為生存而競爭，從而推動社會發展，創造豐富的物質財富，但是到了一定時期流弊就顯露出來了：由於過度競爭導致貧富懸殊、社會不公；由於過份追求物質，導致享樂主義、縱慾主義肆虐。

英國社會學家斯賓塞，鼓吹普遍進化論與社會有機體論。他這種將生物界的進化法則推廣至人類社會的論調有庸俗之嫌。社會進化的情形事實上比生物進化要複雜得多，此可從下列三點得到證明：一、生物界無有系統的組織，即便有也是極簡單的，主要為了更好地應付生存的壓力，而社會界則發展出一套極其精密的組織系統——政府與各類社會團體，他們的主要職責就是調節社會成員的競爭關係，抑富扶貧，制定法律法規，創造社會公平環境；由上一點而來的第二點不同是：生物界遵循的從來就是「叢林法則」——弱肉強食，而社會界雖也有競爭，但通過組織系統的調節——互助或協力，使弱者、貧者的生存、生活得到一定的保障，不至於被強者、富者吞噬掉。第三點就是人類是有理性的動物，他們懂得一定的「度」，超過這個「度」，就會理性地生出一種力量來制約它的不健康發展。斯賓塞的社會進化論是庸俗的，而所產生的後果則是惟競爭是依，完全忽視了在競爭之外，尚有社會協力力以調劑之。

杜亞泉著重揭批了物質主義的三大禍害：「一激進人類之競爭心，二使人類之物質欲昂進；三使人類陷於悲現主義。」〔註7〕緊接著，他不厭其煩地介紹了幾位外國科學家或人文學者的學說，以他們的理論來駁斥或校正庸俗社會進化論的謬見，以補偏救弊，其要義大致有如下數端：

第一，赫胥黎認為，「人類社會之進化云者，是由非道德的人類，變而為道德的人類之謂也」，所以，須「以共同之和平，代相互之爭鬥，使生存競爭，

〔註5〕 杜亞泉：〈精神救國論〉〔J〕，《東方雜誌》，1913 年第 7 期。
〔註6〕 杜亞泉：〈精神救國論〉〔J〕，《東方雜誌》，1913 年第 7 期。
〔註7〕 杜亞泉：〈精神救國論（續一）〉〔J〕，《東方雜誌》，1913 年第 8 期。

受若干之制限，文明愈過，制限愈嚴，個人之自由，以不害他人之自由爲限。」
〔註8〕第二，烏爾士提出精神世界說，認爲精神世界超越物質世界而存在，物
質世界則是從屬於精神世界。第三，特蘭門德認爲，「爲己之生命而努力，乃
有競爭，而爲他之生命而努力者，則倫理學中所謂愛也。」〔註9〕此種愛最初
雖植根於生物的本性中，但最初僅具有生理學的意義，隨著它的發展，得以
進入倫理學之範圍，才臻於完成，所以，人類除了競爭，還有更重要的愛。
第四，克魯泡特金提倡物（人類）協助論。「知競爭劇烈之生物種族，決無進
步之事。到處目睹動物社會，而協力互助，實爲持續生存之要素。自然界中
競爭之法則，與協助之法則並行，而種族之進步，實以後者爲主。」〔註 10〕
第五，巴特文認爲，「社會之進步爲心理學的而非生物學的。」以個體特殊化
之作用引領社會普遍化之作用。人類以感情與智性結合，協力互助以減殺自
然淘汰。故「吾人之進步，不在物質的遺傳，而在精神的遺傳：依教育之結
果，使後世之人，皆得前時代之造詣，且將個人之造詣，依普遍化之作用，
使社會全體，得同一程度之造詣。」〔註 11〕

　　杜亞泉通過介紹上述數位外國科學家或人文學者的學說，是欲借他人之
酒杯，澆自己之塊壘，意在說明社會的進步與發展，不能單純依靠無限度的
競爭，而是更要以道德、愛、協力及智性等因素以補救無限競爭之偏弊。或
者毋寧說，後者才是眞正的社會進步與發展的不竭動力。

　　《精神救國論（續二）》乃杜亞泉精神濟世思想的集中闡述與發揮，議論
至爲精闢，至今仍爲針砭時弊的一劑良藥，讀之如醍醐灌頂。其主旨是首揭
宇宙進化的理法乃是「分化與統整」。他認爲，無論是無機界之進化，還是有
機界之進化，或者人類社會之進化，無不依照「分化與統整」的理法演繹。
杜亞泉特別重視人類心理的作用，所以他拿人類的心理結構作爲「分化與統
整」的一個範例：「至於超有機界，則積單簡之感應作用，構成繁複之心理作
用，個人心理之內部，以智情意之複雜而分化，而以意識之主宰統整之。」
〔註 12〕於是，「心意遂達」概念呼之欲出。所謂「心意遂達」，究其實質就是
人類心意能力自由向上發展之謂。儘管人類的「心意遂達」仍包含生存的目

〔註 8〕 杜亞泉：〈精神救國論（續一）〉〔J〕，《東方雜誌》，1913 年第 8 期。
〔註 9〕 杜亞泉：〈精神救國論（續一）〉〔J〕，《東方雜誌》，1913 年第 8 期。
〔註 10〕 杜亞泉：〈精神救國論（續一）〉〔J〕，《東方雜誌》，1913 年第 8 期。
〔註 11〕 杜亞泉：〈精神救國論（續一）〉〔J〕，《東方雜誌》，1913 年第 8 期。
〔註 12〕 杜亞泉：〈精神救國論（續二）〉〔J〕，《東方雜誌》，1913 年第 9 期。

的，但是由於人類的心意作用特別發達，「遂於生理的進化以外，別開心理的進化之一階段：而心意遂達之目的，乃不能為生存目的之附屬物，轉使生存目的，附屬於心意遂達目的之下矣。」〔註 13〕經杜亞泉的闡述，我們己明瞭精神對於社會發展與進步的作用是何等的重要，對於整合與引導社會前進又是如何不可須臾或缺，再反觀社會現實，人們只競逐物質利益，拋棄精神追求，則構建核心價值體系就顯得格外迫切而重要。它攸關民族與國家的未來，攸關中國的「國是」（國民之共識）及在未來世界上的地位，實乃當今要務之一。

二、秉持「體常用變」論，推進道德現代轉換

現在，中國社會競爭過甚，人欲橫流，道德底線幾近崩潰。為了賺錢或撈錢，不少人喪失良知，任何鮮廉寡恥、喪天害理的手段都可以使用，而政治界則出現了政以賄成，腐敗成風的不良現象。這種道德淪喪的情況在中國歷史與現實中屢屢再現。如果這種情況不予根本改變，即使經濟能夠騰飛一時，終將不能持續，而民族的道德卻無可避免地墮落了，且民族的道德一旦墮落，必將長時間不能重新樹立。這種情形反過來又會遲滯經濟的進一步發展。所以，只有將道德建設、道德教育放在要等位置，方能扭轉此頹勢，確立信心，使國家能夠得到永續前進。杜亞泉申言：立國有兩大要素，一曰法律，一曰道德。法律是消極的，道德是積極的，故「雖寰球各國，殆無一不以道德為立國之本源。」因為「法律之維繫人心，遠不如道德之鞏固：涵濡民俗，亦不如道德之穠深」，「道德（乃人民）相維相繫之具。」〔註 14〕道德倫理乃是核心價值體系的具體而微的重要內容，它是體系的基礎，其所發揮的作用也最為直接，而教化國民生活的方方面面無微不至，猶如水之沾溉土壤。

以道德之具挽頹靡世風，亟待重建道德規範，而重建道德規範，則需要有確確實實的內容。我們知道，任何道德體系的建基從來都不是憑空而起的，它必然或取資於本國傳統的優良思想資源，並借鏡於國外先進的精神文明成果，並將兩者加以融合會通，以形成新的道德規範內容。我們認為，以我國現實而言，經過現代轉換改造以後的儒家倫理道德規範仍然是我們首要的選

〔註 13〕 杜亞泉：〈精神救國論（續二）〉〔J〕，《東方雜誌》，1913 年第 9 期。
〔註 14〕 杜亞泉：〈國民今後之道德〉〔J〕，《東方雜誌》，1913 年第 11 期。

擇。創造性轉換和創新性發展是弘揚和發展中華優秀傳統文化現代價值的科學有效路徑。杜亞泉確信：「吾社會中固有之道德觀念，爲最純粹最中正者。」〔註15〕他在《國民今後的道德》一文中，明確提出：「中國道德之大體，當然可以不變，不特今日不變，即再歷千百年而亦可以不變。若其小端及其應用之傾向，決不能不因時因勢，有所損益於其間。」〔註16〕因爲時勢的不同，杜亞泉認爲傳統道德所可變化者有三：一是改服從命令之習慣，二是推家族之觀念而爲國家之觀念，三是移權利之競爭而爲服務之競爭。杜亞泉對傳統道德「變」與「不變」的觀點，反映了他的「道德體用論」，即對道德本體要堅持、要維繫，不令失墜：對道德應用要應時代變遷帶來的挑戰，有所損益，有所改良，與時俱進。或者稱之爲「體常用變論」。如以「忠」爲例，「忠」作爲道德本體，永遠存在，但是，傳統社會提倡「忠」，主要是忠君，而現在提倡「忠」，就是要忠於人民，忠於國家，忠於事業。「在反思和批判中發掘傳統倫理的『現代價值對象性』，進而實現『現代價值』再創造或曰傳統倫理的現代轉化。」〔註17〕排除了時代所賦予的具體條件之後，思想的根本精神是可以繼承並發揚光大的。凡此種種，不一而足。

「五四」時期激進民主民主義者反對儒家，提出打到「孔家店」的口號，我們今天來反省「五四」，結果發現：它將中國傳統文化裏面優秀的成分也拋棄了，特別是儒家的倫理道德規範。現在，新儒家在做將儒家學說進行現代轉換改造的工作，並將其推廣於現代社會生活。據我們瞭解，這種努力在中國臺灣已取得卓有成效的結果，可以爲中國大陸所效法。當年，杜亞泉一句「關於名教綱常諸大端，則吾人所以爲是者，國人亦皆以爲是」惹得陳獨秀指責他「妄圖復辟」，「謀叛共和民國」。現在看來，這完全是一場誤會。杜亞泉絕不反對「德先生」、「賽先生」，也不反對「共和民國」，我們可以舉出很多證據來證明這一點，茲不贅言。

首先，我們要弄清楚，杜亞泉所標舉的「名教綱常」該如何理解？其實，杜亞泉所說的「名教綱常」是對人類社會一定歷史階段所需的秩序、教化、法規的泛指。他對於名教綱常的堅持，是有他的哲學根據的。他在《無極太極論》一文中指出，無論時間、空間、物質，還是人類，都是無極太極

〔註15〕 杜亞泉：〈戰後東西文明之調和〉〔J〕，《東方雜誌》，1917 年第 4 期。
〔註16〕 杜亞泉：〈國民今後之道德〉〔J〕，《東方雜誌》，1913 年第 11 期。
〔註17〕 朱貽庭：《中國傳統倫理思想史》（第四版）〔M〕，上海：華東師範大學出版社，2009 年，第 381 頁。

的統一。所謂無極，就是無始無終、無窮無限之謂：所謂太極，乃人類思想能力在這無始無終、無窮無限中所能達到的極限。人類越進步，太極界越擴大。以人類社會而言，最初是無極境界，各人除自身外，相互間不關痛癢，皆不相關相愛，其界甚小。隨著社會的發展，相關相愛之面漸寬，於是太極境界逐漸擴大，秩序也隨之而生。他說：「於是乎有差別，於是乎有禮儀，於是乎有名分。然則秩序也者，乃競爭之無極範圍內所立之太極界也。」〔註18〕這就是名教綱常產生的根源。具體而言，宇宙由無機界而歷有機界，由有機界而歷人類界（社會界）。一旦發展到社會界的階段，那麼，生活於其中的人，根據他們的職能、地位，必然各人有各人的權利與義務。這種權利與義務，既有強制性的法律上的規定，也有自覺性的道德上的約束。這些規定和約束即是名教綱常。它是引導社會能有序發展的有規範性的意識形態。這樣解釋，論證了名教綱常產生的必然性，是可以首肯的。而且重要的是最能體現杜亞泉「名教綱常」的儒家思想在今天來說也沒有完全喪失它存在的意義。

我們且先來讀一段德國哲學家海德格爾的話，他說：「沒有人能夠單憑一躍就跳出居統治地位的觀念範圍，那些革命的意志首先試圖更原始地回覆曾在者。當然，重演並不意味著作一成不變的滾動，而是取得、帶來、聚集那遮蔽於古老之中的東西。」〔註19〕很顯然，對於傳統思想不能一筆抹殺，因為這是一個民族精神的源頭，是通過古代「無數先民之經營締造而成」，就是說，乃歷代思想之士艱苦探索、大膽創新疊加積累而成。這份寶貴的思想遺產既不因社會經濟生活的驟然變革而煙消雲散，也不因外來文化之一朝湧入而蕩然無存。她的基本內核，經過時代潮流的衝擊，蟬蛻而存：通過與異質文化的接觸，注入新的活力。民族傳統文化雖然有時受制於經濟制度與政治需要，但她無疑具有極大的獨立性和自身的發展規律。更何況，每一民族固有的文化傳統都更充分地反映了該民族的特性。這種民族特性（從而民族文化）之生成，在相當程度上取決於該民族所處的地理環境、歷史傳統、她的心理特徵以及她的思維方式。

當然，我們今天繼承傳統思想文化需要進行現代的轉換改造，具體地講

〔註18〕 杜亞泉：〈無極太極論〉〔J〕，《普通學報》，1901 年第 2 期。
〔註19〕 〔德〕海德格爾：《海德格爾選集》（下卷）〔M〕，孫周興選編，上海：三聯書店，1996 年，第 1040、939、1307 頁。

就是剝去它歷史的外衣，汲取它合理的內核。「傳統倫理道德除了作爲一種民族精神外，也體現在中國文化的思維方式、抒情方式和行爲方式上。這是有繼承性的。」〔註 20〕對於杜亞泉標舉的儒家「名教綱常」一名設教的意思，其主旨乃正名定分，這種「名分」如果定得合理，也是可以接受的，因爲任何一個社會總是要有一套秩序，否則就會陷於無序狀態。那種絕對自由或者完全虛無主義的做法在實際社會生活中是行不通的，務必要進行恰當的剝離。至於「綱常」，也就是「三綱五常」，需要進行恰當的剝離。三綱即「君爲臣綱，父爲子綱，夫爲妻綱」，因爲時代的進步，現在已經沒有多大意義了，可以完全剔除。而「五常」即「仁、義、禮、智、信」，不但不能剔除，而且應該成爲我們今天新道德體系裏最精彩的內容。下而我們來逐一分析這「五常」

先講「仁」。「仁」在孔子那裡是最高的道德規範，能夠成就「仁」的人，被稱爲「聖人」。那麼「仁」的具體內涵意指什麼？就是「愛人」。《論語》裏談「仁」的地方甚多，可說是孔子從多個層面來揭示「仁」的內涵，但我們認爲，「愛人」是「仁」的核心內涵。孔子講：「夫仁者，己欲立而立人，己欲達而達人。」（《論語・雍也》），這是「愛人」的基礎。孔子時代，以血緣爲紐帶的家族制是基本的社會制度，孔子也具有濃厚的「親親」思想，他特別強調父慈、子孝、兄友、弟恭，所以，他所謂的「愛人」，首先是愛家族內部的人，儘管他也說「泛愛眾而親仁」（《論語・學而》），但是，孔子仍然將「仁」的落腳點放到了家族的內部，因此，我們今天利用孔子「仁」的思想，要剝去它的具體歷史形式，而汲取它的精神實質。值得一提的是：墨子的「兼愛」思想，與孔子的「仁者，愛人」有相通之處，墨子主張「兼相愛，交相利」，而且，墨子的「兼愛」是無差等的（見《墨子・兼愛》），這一點特別可貴。

我們現在講的「仁」，要用韓愈《原道》裏的解釋，就是「博愛」，這是有別於孔子「小愛」的「大愛」。這種「大愛」說到底就是「利他」，所以，杜亞泉說：「利他者，協力互助，爲他人之生命而努力，愛之本也。」〔註 21〕人，一方面，他受物性的驅策，追逐個人利益，盡顯他的局限性；另一方面，

〔註20〕 王元化：《杜亞泉與東西文化問題論戰》〔N〕，《文匯報》，1993 年 9 月 19 日，第 12 期。

〔註21〕 杜亞泉：〈愛與爭〉〔J〕，《東方雜誌》，1916 年第 5 期。

他又不甘於這種局限性，而有超越這種局限性的渴望，希冀進入具有無限意義的境界。中國古代有立德、立功、立言的「三立」不朽說，也就是希望自己不因爲個體生命的隕滅而在歷史中無聲無息。事功與言論固然可以留世，但是終究不如德行留世之深入人心與天遠地長。君子將自己的愛不僅僅及於親愛之人，更是推廣而至於世上所有的人，這就將人生的意義擴大了成千上百倍，大大超越了自身的局限性。技術理性時代下激發出來的人的功利、欲望在這「大愛」、「泛愛」、「博愛」面前將經過洗禮而消解殆盡。現在，西方社會（國家）的一些富人，如比爾・蓋茨等，熱衷於慈善事業，將數以億計的資產捐贈給社會上的其他群體，特別是弱勢群體，而不是讓自己的子孫繼承，這種舉措正是「大愛」。這種「仁」，難道不值得我們繼承嗎？杜杜亞泉明言：「吾國自古迄今，言道德者均以仁爲大本，孔子尤丁寧反覆於是」，深知舊道德中所謂仁愛，「人類非此無以主存。而一切道德，亦非此無所附麗也。」〔註22〕乃將仁愛置於道德規範的最高位置。

次講「義」。孔子對「義」有很高的評價，他說：「德之不修，學之不講，聞義不能徙，不善不能改，是吾憂也。」（《論語・述而》）他還認爲：「見義不爲，無勇也。」（《論語・爲政》）按照傳統的訓解，謂「義者，宜也。」（《中庸》）也就是處世做事得當、得體。至於現在日常生活中「義」有「義氣」的意思，恐怕是後起的引申義。

其實，「義」是一種道德標準，就是按人的良知應該如此或者應該如此去做的意思。但是，「應該如此」當以維護與增進社會公眾的幸福、安全爲準繩。具體言之，有「大義」與「小義」之分別。「大義」就是能夠維護與增進社會公眾的幸福、安全，即社會正義。爲了這個「大義」可以如孟子所說：「生，亦我所欲也；義，亦我所欲也。二者不可得兼，舍生而取義者也。」（《孟子・告子上》），而「小義」，只不過是能夠維護小團體的利益。最著名的例子就是莊子的「盜亦有道」說。《莊子・胠篋》說：「故跖之徒問於跖曰：『盜亦有道乎？』跖曰：『何適而無有道邪！夫妄意室中之藏，聖也；入先，勇也；出後，義也；知可否，知（智）也；分均，仁也。」可見，這種「義」只著眼於小團體（甚至是盜竊集團）的利益，是所謂的「小義」。

「大義」似乎還有脫離人的生物本性的意味。杜亞泉認爲，人類心意之遂欲義，二者不可得兼之時，則取義舍生，超有機界之目的，遂全然脫離有

<hr>

〔註22〕 杜亞泉：〈國民今後之道德〉〔J〕，《東方雜誌》，1913 年第 11 期。

機界之目的而獨顯矣。」〔註23〕

　　復次講「禮」。「禮」是孔子講得最多的東西，耳熟能詳的是「克己復禮為仁」（《論語・顏淵》）甚至他認為：「不知禮，無以立也。」（《論語・堯曰》）所謂「禮」就是人與社會、人與人在相對待時所應遵循的規矩，也有禮節、禮儀的意思，當然也有用合乎規矩的態度對人對事的意思。前者如「名不正，則言不順；言不順，則事不成；事不成，則禮樂不興；禮樂不興，則刑罰不中；刑罰不中，則民無所措手足。」（《論語・子路》）這裡的「禮」就是禮儀的意思。後者如「拜下，禮也，今拜乎上，泰也，雖違眾，吾從下。」（《論語・子罕》）這裡的「禮」就是用合乎規矩的態度對人對事的意思。孔子是復古派，故寧可按照古禮（「拜下」），而不願依從今禮（「拜上」）來對待拜謝，不過，他也是有寧儉勿奢的考慮。一個社會的正常運轉斷斷乎不能沒有這套對人對事的規矩。野蠻社會也許沒有這套規矩，古代社會與現代社會都必定需要這套規矩。當然，孔子的「禮」尚含有等級制的成分，比如他認為：季氏「八佾舞於庭，是可忍也，孰不可忍也！」（《論語・八佾》）孔子為何如此氣憤？因為按照當時的禮制，只有天子才能享受六十四人（「八佾」就是縱橫各八人的樂舞行列）的樂舞，季氏是大夫，只配享受十六人的樂舞（「四佾」），現在他竟敢僭用，這就是一種不守禮制的做法。這種建立在等級制度上的「禮」恰恰是「禮」的糟粕，是現代之「禮」所要徹底擯棄的。

　　「禮」有調節社會矛盾的功用。「有子曰：禮之用，和為貴。」（《論語・學而》）也就是說，「禮」的作用是為了達到社會和諧的目的。因為禮規定了秩序，遵從秩序行動就不會越軌，社會人人就能各得其所。

　　「禮」還有抑制人類不健康的情慾（廣義的情慾包括對物質的追求，不止是男女性愛）的功用，所謂「發乎情，止乎禮」。杜亞泉認為：「情則為性之所表見，若性為人欲所蔽，則發而為情，即偏私而失其中正」〔註24〕，故須以禮來矯正。

　　從現代的眼光看，對於「禮」的採納，應該進行新的轉換改造。規矩（「禮」）的制定要體現公平、平等、尊重他人的原則：它的形式化的內容要刪繁就簡，首先要「以禮存心。」（《孟子・離婁下》）就是將「禮」的精神存乎心內，滲透到人的意識中去，然後要將「禮」的精神運用在社會生活的方

〔註23〕　杜亞泉：〈精神救國論（續二）〉〔J〕，《東方雜誌》，1913 年第 9 期。
〔註24〕　杜亞泉：〈精神救國論（續二）〉〔J〕，《東方雜誌》，1913 年第 9 期。

方面面，貫徹到為人處世的具體行動中去。也就是說，要簡化「禮」的形式化的表層性的東西，強調「禮」作為行為準則的精神性的深層次的東西。這種精神性的深層次的東西，就是處事做人合乎文明、合乎理性，要有遵守秩序或規範的意識、態度，其根本是一個「敬」字。

總之，存禮、守禮、循禮應該成為新的道德規範中的重要內容。中華民族素你「禮儀」之邦，我們不要使講求、遵循「禮儀」的傳統失墜，而被世界視為不講文明的民族。

復次講「智」。孔子說：「知（智）者不惑，仁者不憂，勇者不懼。」（《論語・子罕》）從這段話裏，我們不難理解孔子的意思，知（智）的功能在於解惑、除惑，實兼有智慧與理性的涵義。這個「惑」既可以是知識方面的，也可是生活方面的。知（智）是用來判斷是非的，所以，孟子講：「是非之心，智之端也。」（《孟子・公孫丑上》）知（智）又是維繫「仁義」的思想保證，孟子說：「智之實，知斯二者（指「仁義」）弗去是也。」（《孟子・離婁上》）我們知道，道德規範是建立在對善惡是非的判斷基礎上的，從這個意義上，知（智）對於道規範的建基具有某種導向作用，不致使其迷失方向。當然，傳統儒家一直認為「仁義」是發乎人的內心，是性之本有的（比如孟子），故能自然而然地產生，這也就無所謂外部的導向了。

最後講「信」。孔子講「信」的地方很多。他說：「人而無信，不知其可也。」（《論語・為政》）當子貢向孔子問政，提出「食」、「兵」、「信」三者孰重的時候，孔子毫不猶豫地認定「信」比「食」、「兵」更重要。他說：「民無信不立。」（《論語・顏淵》）事實上，從現代的眼光看，「信」是一個社會維繫與發展的基石，是現代契約關係的核心。無信，連一樁最簡單的商品買賣都做不成，一個充滿欺詐的社會注定是要被毀滅的。「信」作為古代儒家的道德基本準則，不僅沒有過時，相反，在市場經濟的條件下，在當今社會普遍缺乏誠信的環境下，更加突顯出它的現實重要性，猶如粟菽布帛須臾不可或缺。

除了「五常」，孔子及其儒家還提倡與「仁」有關聯的「孝悌」，主張「慎獨」，講究「恕道」。孔子的至理名言是：「己所不欲，勿施於人。」（《論語・衛靈公》），這些都是今天構建核心價值體系值得關注的重要內容。

三、奉守協力主義，引領社會共進

方今中國社會，個人為生存而競爭，而奮鬥，固然有其合理的一面，一則社會財富因此大量湧流，二則個人物質生活因此得到極大改善，但過度競

爭，弊端叢生，貽害無窮。社會財富的湧流，同時意味著消耗了人類數千上萬年貯藏的自然資源，並造成環境無以挽回的破壞；而個人物質生活的持續改善，因缺少理性的調節，又助長了奢靡之風、享樂主義，種種社會醜惡現象因此而生。而這還產生了其他一系列不容忽視的嚴重後果，比如在競爭中，有人成功了，致富了，還有不少的人則失敗了，他們成了社會的弱者，需要社會的救濟或幫助，但是，在一個過度競爭的社會，人人都在為自己的利益而奔忙，無暇或根本不理會他人的困難，因為以個人為本位，對於協力或互助大多不以為然，甚至許多成功者還以個人奮鬥成功來證明自己的能力，炫耀自己的成就。這當然是社會過度競爭的環境使然，但卻造成了許多惡果，妨害了社會全體的共進，破壞了社會氛圍的和諧。歸根結底，最終必定影響社會整體競爭力的發揮。事實證明：一味地追求競爭未必會真正推動社會的進步與發展。

歷史常常有驚人的相似之處。這種情況，不僅今日愈演愈烈，其實早在二十世紀早期已經初露端倪。當時，在西方進化論與競爭學說的影響下，社會生產有了一定程度的發展，少數人的財富迅速積聚，膨脹了他們的物質欲望，於是乎，紙迷金醉，花天酒地，揮霍消耗，窮奢極侈。一般社會情況也是對物質利益趨之鶩，競爭過度。而在世界上，帝國主義國家由於奉行極端的國家主義，彼此不擇手段地競爭，致使貪、戾作祟，爆發了國際間的血腥戰爭，陷人民於水深火熱之中。目擊時艱，杜亞泉適時提出了「社會協力主義」的思想。1915 年，他在《東方雜誌》上發表了《社會協力主義》一文，以闡述其以協力調適競爭的觀點。杜亞泉以生物的進化為例，證明協力於進化功莫大焉。他說：「由單細胞之協力而成複細胞之個體，由個體之協力而成社會之群體，此協力之進化也。」〔註25〕根據他的觀察，「自然界中，協力者為優勝，不協力者為劣敗。故協力之範圍愈廣，協力之方法愈備者，則競爭之能力愈大，生存亦愈安全。」〔註26〕但是，協力與競爭畢竟處於相反的地位，因為「協力者利害相共，競爭者利害相反」，如何協調二者之間的矛盾呢？杜亞泉發現：「二者之間，常有一界，界以內為協力，界以外為競爭」，故界愈小，對外競爭愈激烈；界愈大，則內部，愈廣。一般生物，以個體為界，至於人類，為社會生活，協力之界，漸推漸廣。他聲言：「現今時代，將由國

〔註25〕 杜亞泉：〈社會協力主義〉〔J〕，《東方雜誌》，1915 年第 1 期。
〔註26〕 杜亞泉：〈社會協力主義〉〔J〕，《東方雜誌》，1915 年第 1 期。

民之協力，進爲人類之協力之時代。」〔註 27〕可惜，他的這個判斷過於樂觀了，人類已經進入到二十一世紀，不僅國與國之間，即一國內部各群體與群體之間，個人與個人之間的競爭也愈加激烈，大有不可收拾之勢，而彼此之間的協力或互助則日腹月削，消失殆盡。此無乃時代之悲哀乎？

其實，這種悲哀的產生植根於人類的本性中。誠如杜亞泉所言，人性中既有自利性，又有利他性。然而，自利性趨向於競爭，以個人爲本位；利他性趨向於協力，以群體爲本位。但杜亞泉能夠清楚地認識到：協力不僅不妨礙競爭，而且從長遠看還可助力於競爭；協力或互助能夠將競爭的殘酷性沖淡，將競爭加以調適。一般淺俗者爲滿足本身的自利性，只圖眼前的利益，恣意競爭，拒斥協力或互助。或許，過度競爭是能爲個人帶來成功與財富，但終究於社會的共進無益：而漠視弱者、貧者，也會帶來社會的不和諧、不安定，最終於己的生存環境不利。

協力或互助，體現了人之爲人富有理性、具有同情性與合作精神的一面，也是社會良性發展的目標和人類追求的理想，這應該是社會主義核心價值體系構建的題中應有之義。杜亞泉說得好：「人類之趨向於協力，若男女之相求，若陰陽之相翕，終非人力所能抵抗。」〔註 28〕他在論到西洋社會的道德時，爲其所羨慕者就有「慈善團體之發達，協同事業之進步」之說。也許，這正是杜亞泉推薦給後人的社會共進之良法──互助與協力。對於他的這份思想遺產，今天仍然處於世界時代黑暗近於午夜的人們能夠加以拒絕嗎？顯然不能，不但不能，而且，還應該將協力或互助的思想注入到核心價值體系中去，把它提升至重心之位，讓國民人人認識到利他甚於自利，唯有全體人類皆得幸福，自己方能獲得眞正的幸福，社會方能獲得眞正的和諧，而個人和社會的競爭力方能獲得持續的發展。

四、崇尚「自然存在」，提升人生境界

我們現在提出構建核心價值體系，其根本目的就在於提高國民的精神境界，使之不至於爲物質生活所束縛，淪爲物質的奴隸──富裕的物質生活往往有一種讓人沉淪的本能傾向──而提高國民的精神境界，能夠幫助人們更好地進行價值判斷，分辨孰者爲善，孰者爲惡；孰者爲眞，孰者爲假；孰者

〔註 27〕 杜亞泉：〈社會協力主義〉〔J〕，《東方雜誌》，1915 年第 1 期。
〔註 28〕 杜亞泉：〈社會協力主義〉〔J〕，《東方雜誌》，1915 年第 1 期。

爲美，孰者爲醜，從而爲人生指引一個比較合理正確的方向。

講到人的精神境界，就不免要與人生的目的相聯繫。對於人生目的的意義理解到何種程度，決定著人的精神境界的高下。一個整天只爲柴米油鹽奔波操勞的人，其精神境界恐怕高不到哪裏去。更有甚者，不少人根本不知人生目的是什麼。

杜亞泉分析人生世態，他說：「勞心勞力者，其目的在蓄積資產，蓄積資產的目的，在長養子孫，至長養子孫的目的爲何，則本人幾茫然無以自解。即少數傑出的人，以立功名成事業，振興國家、改良社會爲一生目的，亦不自知其所謂目的者，仍不過爲人生究極目的下的一種手段，而別有更高的目的存在。」〔註29〕其實，人生的目的，首先在於維持自身的生命，繁衍子孫，永續後代，並相應地改進物質生活條件，這是比較低級形態的人生目的；其次是古人所謂的立德、立功、立言「三不朽」，這是中級形態的人生目的；而追求自由意志，才是人最高形態的人生目的，也就是人生最高的精神境界。杜亞泉認爲，如果人類「意志既無自由，則人類的動作，無非爲自然的法則所驅使，與禽獸無所擇別。人類的道德上責任，將不復存在，教育修養，遂與耕種或畜牧等工作無異，精神文化，將因此澌滅。」〔註30〕

在當今技術－功利－欲望統治的世界上，人要追求自由意志絕非易事，但是，我們似乎從道家與杜亞泉留給我們的思想資源中約略窺見到了些許希望的曙光，爲提高國民的精神境界增加了一點信心。誠如海德格爾所言：「也許有一種思想，它超出理性與非理性的分別之外，它比科學技術更要清醒些，更清醒些因而也能做清醒的旁觀，它沒有什麼效果，卻依然有自身的必然性。」〔註31〕而老子的「道法自然」就是這樣一種思想，它的確有其先知先覺之處，爲迷亂時代投射了一束智慧的光亮，足可爲今人所重視。

「人法地，地法天，天法道，道法自然。」（《老子》）這裡的「法」字，是取法、效法的意思。在老子看來，「道」是天、地、人的最高規定，但它仍需效法自然。所謂「自然」，就是天地、山川、河流、草木、空氣等的總和，

〔註29〕 許紀霖、田建業：《杜亞泉文存》〔M〕，上海：上海教育出版社，1993年，第87、98頁。

〔註30〕 許紀霖、田建業：《杜亞泉文存》〔M〕，上海：上海教育出版社，1993年，第87、98頁。

〔註31〕 〔德〕海德格爾：《海德格爾文》〔M〕，孫周興譯，上海：商務印書館，2014年，第86、340、274頁。

是一種原始狀態的東西。這是就它的本義而言，同時，作爲引申義，它又指生成發展、自給自足、毫無掛礙的自然境界。自然無論是本義，抑或是引申義，都有摒絕一切後天人爲的設施與作爲的意思。

杜亞泉在《靜的文明與動的文明》中論到：「西洋文明，一切皆注重於人爲，我國則反之，而一切皆注重於自然。我國人以自然爲善，一切皆以體天意、遵天命、循天理爲主。」〔註32〕他別倡一種「自然存在說」，以與西方的「社會（實即技術）存在說」相抗衡。他說：「西洋人之觀念，以爲社會之存在，乃互相競爭之結果，依對抗力而維持，若對抗力失調，則弱者敗者，即失去其存在之資格。而吾國人之觀念，凡社會中之各個人，皆爲自然存在者。」〔註33〕其自然爲上的觀點，蓋是正確總結了歷史上道家的自然觀。

無獨有偶，海德格爾對自然存在與技術存在也作過一種區分，他認爲：「前者是在其自行湧現中自己產生出來的東西，後者則是通過人的表象活動和製造活動而產生的東西。」〔註34〕他看重的恰恰也是前者，而否棄的則是後者。「自然意味著在者之存在，存在作爲原始活力而持續。這是把萬物集合於自身同時又讓萬物是其所是的東西。」〔註35〕強調了它的本原性與它的「是其所是」狀態，而技術存在乃是一種「促逼」。「此種促逼向自然提出蠻橫無理的要求，要求自然提供本身能夠被開採的儲藏的能量」，從而將自然按照人的製造目的「揭示爲持存物。」〔註36〕在這一征服自然的過程中，人固然成了「自然的立法者」，但同時自身也被技術存在「固置」在座架上，「人被座架在此，被它要求著、挑戰著。這股力量在技術的本質中顯示出來，而又是人自己所不能控制的力量。」〔註37〕可以說，進化導致競爭，競爭又培育了技術存在，然後是人對自然施行暴力式的、肆無忌憚的征服。人處於這樣一種圖謀控制自然又被技術存在控制的狀態下如何還能追求自由意志呢？人只有

〔註32〕　杜亞泉：〈靜的文明與動的文明〉〔J〕，《東方雜誌》，1916 年第 10 期。

〔註33〕　杜亞泉：〈靜的文明與動的文明〉〔J〕，《東方雜誌》，1916 年第 10 期。

〔註34〕　〔德〕海德格爾：《海德格爾文》〔M〕，孫周興譯，上海：商務印書館，2014 年，第 86、340、274 頁。

〔註35〕　〔德〕海德格爾：《海德格爾文》〔M〕，孫周興譯，上海：商務印書館，2014 年，第 86、340、274 頁。

〔註36〕　〔德〕海德格爾：《海德格爾選集》（下卷）〔M〕，孫周興選編，上海：三聯書店，1996 年，第 1040、939、1307 頁。

〔註37〕　〔德〕海德格爾：《海德格爾選集》（下卷）〔M〕，孫周興選編，上海：三聯書店，1996 年，第 1040、939、1307 頁。

在自然無爲（這裡的「無爲」按照老子的本意，不是指無所作爲，而是指順乎自然的本性活動）的情況下，才能擺脫物欲的誘惑、安頓是非的擾攘、抽身固置的奴伐，才能談得上獲得自由意志，達到「天地與我並生，而萬物與我爲一」的境界。(《莊子·齊物論》)那麼，如何才能達到自然無爲的境界呢？老子認爲得清心寡欲，「爲無爲，事無事，味無味。」(《老子》)，杜亞泉在上述同一篇文章中論及中國固有之道德時也認爲：「所謂道德，即在拘束身心，清心寡欲，戒謹於不睹不聞之地，爲己而不爲人，故於個人私德上競兢注意，及享用過於奢侈者，皆爲道德所不許」〔註38〕，也是同樣的意思。杜先生將中國的文明歸結爲靜的文明。他引外國人丁格爾的話，說：「歐美文明，使人心中終日擾擾，不能休息，而欲以中國人眞質樸素之風，引爲針石。」〔註39〕可惜，這種「眞質樸素之風」只存在於古樸的「田野景趣、恬淡色彩」的傳統社會，在今日之中國已蕩然無存矣。

到了競爭時代，或如西方哲學家所言的技術時代，在「欲望」的推動下，人開始離開他的自然狀態，追名逐利，一發而不可收抬，遂出現異化，最終使人爲物所縛，爲物所制，徹底喪失了眞我。這正是現代人的悲哀。現在，人需要重新回歸於本初的自然狀態。在自然這一點上，老子是因爲不滿於階級社會早期的種種不合理現象而嚮往原始時代人與自然的和諧生活，海德格爾是發現到了技術時代，人成了技術、資本、物質的奴隸，同時又成了自然的破壞者，從而失去了人性的自由，而提倡一種田園式的古樸生活。而杜亞泉主要是從修身養性的角度，欲用高尙樸素的情操來抵禦物欲橫流造成的社會混亂，因爲在他看來，恬淡、樸素、自然、寧靜的生活，能夠淨化人的心靈，有助於社會的和諧進步。他們之間有相似的地方，但杜亞泉改進社會的積極意味更濃厚一些。

構建現代核心價值體系是一項艱巨而偉大的工程，是一種接續文明、發展文明的崇高事業。「一個文明的生命，在於其核心價值的吸引力。」〔註40〕我們應當懷著一顆敬畏和謙卑之心，虛心向文化前輩杜亞泉請教，因爲迄今爲止，我們並沒有自信到已經能夠超越他和他的思想。思想之進步與否並不劃出古今之限、現當代之限，所以智者永存，智者的思想光芒永存。

〔註38〕 杜亞泉：〈靜的文明與動的文明〉〔J〕，《東方雜誌》，1916年第10期。
〔註39〕 杜亞泉：〈靜的文明與動的文明〉〔J〕，《東方雜誌》，1916年第10期。
〔註40〕 許紀霖：〈多元文明時代的中國使命〉〔J〕，《文化縱橫》，2013年第3期，第82頁。

後　記

　　師從金林祥先生問學是我今生的莫大榮幸。三年來，先生耳提面命，諄諄教誨如春風化雨，滋潤著我的心田，成爲我生命中的重要組成部份。師恩難忘，山高水長。步入中國教育史研究領域，對於生性愚鈍的我無疑是一個極大的挑戰，是先生及時給予點撥，從論文的選題到架構，從觀點的醞釀到思路的形成，從材料的運用到方法的選擇，從布局謀篇到句讀的斟酌，無不滲透著先生的心血。高山仰止，景行行止。先生的德行永遠令我神往，它將激勵著我在中國教育史研究領域裏不斷克服困難，奮然前行。在此，請允許我由衷地向先生道一聲：「恩師，請受學生一拜！」

　　邁進華東師大學習，是我一生的驕傲。名師薈萃，諍友雲集的學術氛圍，給予了我極大的鞭策與鼓舞。丁鋼、杜成憲、黃書光、金忠明、王倫信等諸位老師在學業方面的指教，使我在教育學系這塊育人的沃土上再一次成長。我衷心地感謝上述老師們。同入師們的李瑛以及許多朋友的思想火花、不懈追求、生活智慧，不斷地鼓舞著我。三年來結下的師生情誼、同學緣分，對我來說是一筆寶貴的精神財富，將終生難忘。

　　遠在山東師大的張書豐教授時常在學習和生活上給予我極大的關心和鼓勵，增強了我努力學習、順利完成學業的信心和決心。值此向先生親切地說一句：「恩師，學生再次向您致敬！」

　　親人們的理解和支持是我一生的幸福，也使我在艱辛的求學道路上充滿了歡樂。妻子李雪梅面對生活和工作的壓力毫無怨言，以常人難以忍受的堅強意志築起了溫暖的家園，女兒閻瀚聰慧可愛，樂觀向上，勤於鑽研，品學兼優，令我倍感欣慰。我的溫馨的家，是我求學路上的幸福加油站。

本研究承蒙恩師金林祥先生引薦，深得臺灣花木蘭文化出版社信任和楊嘉樂先生熱誠襄助以及金先生與杜亞泉先生的親屬施亞西教授賜序，同時獲得安徽省高校管理大數據研究中心資助，方能面世，今特向諸位師長致敬！

永遠的先生、永遠的華東師大師友、永遠的親人們，我的點滴進步都與您們息息相關。謝謝您們！

閻乃勝 2017 年 10 月於安徽淮北・青和寶地